힘을 다하여
주님께 순종하라

이 소중한 책을

특별히 _____님께

드립니다.

김장환 목사와 함께
주제별 설교 · 성경공부 · 예화 자료

· · ·

힘을 다하여
주님께 순종하라

나침반

목차

서문

"모든 그리스도인은 주님을 영접하는 순간 순종의 학교에 입학한 학생이다."

앤드류 머레이의 말입니다.

이 말처럼 우리는 삶 가운데 주님을 향한 순종을 배워가야 합니다. 주님을 사랑하는 정도는 주님께 순종하는 정도와 비례합니다. 주님을 사랑한다고 고백하는 사람일수록 주님께 더욱 순종합니다. 주님 역시 순종하는 사람에게 자신을 나타내신다고 말씀하셨으며 주님을 더욱 순종하는 사람이 주님께 더욱 사랑받는다고 말씀하셨습니다.

노아, 아브라함, 갈렙, 여호수아 그리고 다윗 같은 믿음의 선진들은 그 어느 때보다 순탄하지 못한 세상에서 오히려 순종의 본을 보였습니다. 이들은 하나님에 대한 불신과 타락이 만연한 시류를 거슬러 순종을 결단했습니다. 이름 모를 종의 조용한 순종이 가나안 잔치의 기적을 이루었고, 역경과 고난에도 묵묵히 복음을 전하던 바울의 순종이 복음을 전 세계로 퍼뜨렸습니다.

죽기까지 순종하신 예수님 때문에 우리는 구원을 받았습니다. 하나님을 사랑하며, 하나님과 가까운 사람일수록 더 많이 순종했음을 알 수 있습니다. 그렇다면 하나님께 더욱 쓰임 받고 하나님을 향한 사랑을 표현하기 위해서 우리 역시 순종이 무엇인지를 제대로 배워야 합니다.

하나님께 쓰임 받는 순종의 비결을 모든 사람에게 가르치기 위해 이 책은 기존의 책과는 조금 다르게 세 가지 부분으로 구성되어 있습니다.

첫째, 순종에 대한 설교 내용을 핵심 위주로 요약 및 정리해 누구나 쉽게 읽을 수 있도록 만들었습니다.
둘째, 한국 교회 성장에 크게 기여한 구역 모임이나 그룹 성경공부에서 교재로도 사용할 수 있게 만들었습니다.
셋째, 설교나 여러 모임에서 적절하게 활용하면 좋을 순종에 관한 예화를 수록했습니다.

세상에서 주님을 간절히 증거할 진정한 그리스도인들이 그 어느 때보다 필요한 오늘날입니다. 이 한 권의 책으로 변화된 성도들이 복음의 전달자로 바로 서며 한 번 더 뜨거운 부흥이 온 땅을 뒤덮게 되기를 소망합니다.

순종에 대한 명언들

● 권능은 하나님께 속한 것이다. 하나님께 절대적으로 순종할 때 우리는 그 권능을 받을 수 있다. 순종 외에 다른 조건은 절대로 없다. – R.A. 토레이

● 주님께 하는 순종은 주님에 대한 사랑의 표준이며 시금석이다. – S.L. 로버츠

● 모든 그리스도인은 최고의 권력자이신 하나님께 순종해야 할 의무가 있다. 이 사실을 잊지 말아야 한다. 그 외의 것은 하나님이 그분의 밑에 정하신 부차적인 일들이다. 우리는 먼저 자신을 하나님께 맡기고 그다음으로 국가와 위정자, 고용주, 부모님께 순종해야 한다. – P.B. 스미스

● 올바른 분에게 순종하는 것이 올바른 순종이다. – 파스칼

● 순종은 가장 좋은 성경 주석이다. – T.H. 모노

● 영혼의 참된 자유를 얻기 원하는 사람은 주님께 더욱 순종해야 한다. 괴테는 "더 많이 순종함에 따라 영혼이 더 많은 자유를 맛보았다"라고 말했다. 순종은 영혼이 나약하다는 뜻이 아닌 오히려 굳셈의 증거이다. – 토트

● 나는 하나님이 온전히 순종하는 사람을 사용하여 일하시는 모습을 보고 싶다. – D.L. 무디

● 완전한 신앙인은 완전히 하나님의 소유가 된 사람이다. 하나님께 순종하는 사람은 하나님의 뜻밖에 모른다. 하나님은 이런 사람을 통해 일하신다. – R.A. 토리

● 명령에 복종하는 훈련을 받지 못한 사람은 지휘도 할 수 없다. – 작자 미상

● 여자가 출가할 때에 가지고 갈 선물은 어떠한 귀중한 보배가 아니고, 오직 남편에 대한 순종뿐이다. – 김익두

● 나는 시간마다 순종의 교리를 배운다. – 셰익스피어

● 악인들은 두려워서 순종하고 선인들은 사랑하기 때문에 순종한다. – 아리스토텔레스

● 다스릴 줄 모르는 자는 순종하는 것이 상책이다. – 셰익스피어

1

서론

"예수 그리스도를 나의 구주로 영접한다"라는 뜻은 "이제부터 내 삶의 주인이 내가 아닌 예수 그리스도라는 사실을 받아들인다"라는 것과 같은 의미이다.

사도 바울은 세상을 살아가면서도 자기가 아닌 자기 안의 그리스도가 살아계신다고 고백했다. 내 뜻이 아닌 하나님의 뜻대로 인생을 살아가기 때문이다. 주님은 나를 위해 하나님께 순종함으로 목숨까지 버리셨다. 그 사실을 믿음으로 구원받은 우리도 당연히 주님을 위해 순종하며 살아가야 한다.

"내가 그리스도와 함께 십자가에 못 박혔나니 그런즉 이제는 내가 산 것이 아니요 오직 내 안에 그리스도께서 사신 것이라 이제 내가 육체 가운데 사는 것은 나를 사랑하사 나를 위하여 자기 몸을 버리신 하나님의 아들을 믿는 믿음 안에서 사는 것이라" - 갈라디아서 2장 20절

주님을 영접함으로 그리스도인이 된 우리들에게 가장 중요한 것은 말 그대로 주님을 따르는 일, 즉 순종이다. 주님은 순종하는 사람에게 자신을 나타내신다고 약속하셨다.

사람은 사랑하는 사람을 따르게 되어 있다. 부모님, 스승님, 애인, 친구 등 대상이 누구든 더 사랑하는 사람의 말을 따르고, 더 사랑하는 사람을 위해 살아간다. 신앙생활도 마찬가지이다. 순종은 곧 신앙생활의 척도다.

"나의 계명을 가지고 지키는 자라야 나를 사랑하는 자니 나를 사랑하는 자는 내 아버지께 사랑을 받을 것이요 나도 그를 사랑하여 그에게 나를 나타내리라" – 요한복음 14장 21절

1. 순종의 의미

순종은 "귀와 마음을 열어 상대방의 말을 듣는다"라는 뜻이다.

왜 귀를 열고 마음을 열어 상대방의 이야기를 들어야 하는가? 그것은, 그 말을 듣고 실천하기 위해서다. 상대가 무슨 말을 하고 어떤 것을 원하는지 제대로 듣고 기억할 때 그 말대로 순종할 수 있기 때문이다.

순종은 하나님의 말씀을 경청하고 그대로 실천하는 실제적인 표현이다. 하나님의 통치 아래 내 삶을 맡기며 하나님의 말씀을 최우선 순위로 이행한다는 삶의 고백이 바로 순종이다.

(1) 하나님의 모든 명령을 준행하는 것이 순종이다(출 19:5, 신 5:10, 수 22:2).

(2) 순종은 하나님의 말씀에 행동으로 응답하는 것이다 (마 13:23, 갈 5:7).

(3) 주님께 나아가며, 주님의 말씀을 청종하고, 주님의 말씀대로 실행하는 것이 순종이다(눅 6:47, 요 8:51).

(4) 순종은 하나님과의 동행이며(창 6:9), 하나님을 향한 사랑의 고백과 같은 표현이다(요일 5:2).

(5) 순종의 기준은 오로지 하나님의 말씀인 성경이다
(요 14:21, 딤후 3:16,17).

2. 순종의 대상

모든 그리스도인은 국가와 사회, 가정의 권위에도 순종해야 한다. 세상의 모든 권위도 하나님이 세우고 인정하신 우리가 순종해야 할 부분이다. 그러나 이 모든 순종은 하나님에 대한 순종이 전제가 되어야 한다. 우리가 믿고, 따르고, 순종해야 할 궁극적인 대상은 우리 창조주이신 하나님과, 구세주이신 예수 그리스도이기 때문이다.

하나님의 권위와 다른 권위가 상반될 때 우리는 어떻게 해야 하는가? 마땅히 하나님의 권위를 최우선으로 놓고 순종해야 한다. 이 중요한 원칙을 먼저 알아야 순종의 대상을 헷갈리지 않고 올바른 우선순위를 세울 수 있다.

성경에 나오는 그리스도인이 순종해야 할 대상들은 다음

과 같다.

  (1) 하나님과 예수님에 대한 순종(행 5:29, 요 14:21)

  (2) 부모님에 대한 순종(창 28:7, 엡 6:1)

  (3) 남편에 대한 순종(엡 5:22)

  (4) 상사에 대한 순종(엡 6:5)

  (5) 통치자에 대한 순종(딛 3:1)

  (6) 교회 지도자에 대한 순종(히 13:17)

3. 순종의 결과

유능한 장군을 따르는 병사는 승리를 얻게 된다. 유능한 사장을 따르는 직원은 돈을 얻게 된다. 누구에게 순종하느냐에 따라 파생되는 결과에는 아주 큰 차이가 있다. 성경이 마땅히 하나님의 말씀에 최우선으로 순종할 것을 명령하는 이유는 이 순종이 세상의 다른 어떤 순종보다 우리에게 더 유익한 결과를 가져다주기 때문이다.

  (1) 하나님의 사랑을 받으며 예수님의 동행하심을 체험한다(요 14:21).

  (2) 삶의 지혜를 얻게 된다(마 7:24).

  (3) 삶이 형통해진다(수 1:8).

  (4) 영혼이 정결해지고 형제를 사랑하게 된다(벧전 1:22).

(5) 삶이 번영하며 자손이 복을 받는다(왕상 3:14, 신 5:29).

4. 순종의 자세

순종은 행동이란 결과도 중요하지만 과정인 자세 또한 중요하다. 같은 심부름을 해도 투덜거리면서 하는 사람과 기쁘게 하는 사람이 있다. 우리가 부모라면 어떤 자녀의 순종이 더 마음에 들겠는가? 투덜거리면서라도 순종하는 것이 낫지만 참된 순종은 자세에도 기쁨과 사랑이 깃들어 있어야 한다. 하나님은 우리의 행동 못지않게 마음을 중요하게 생각하신다. 성경의 가르침대로 하나님을 향한 순종은 진실한 마음으로 정성껏 따라야 한다.

"오늘날 네 하나님 여호와께서 이 규례와 법도를 행하라고 네게 명하시나니 그런즉 너는 마음을 다하고 성품을 다하여 지켜 행하라" – 신명기 26장 16절

"하나님께 감사하리로다 너희가 본래 죄의 종이더니 너희에게 전하여 준바 교훈의 본을 마음으로 순종하여" – 로마서 6장 17절

5. 순종의 모범

　믿음의 성현들은 시대를 막론하고 세상에 순종의 본을 보였다.

　노아는 모든 사람들이 타락한 빛이 없는 세상 속에서도 하나님을 경외하며 비가 없는 세상에서 홍수를 대비하며 진정한 순종의 본을 보였다(창 6:22).

　아브라함은 모든 일에 믿음으로 순종했다. 하나님은 아브라함의 믿음과 순종을 통해 큰 복을 주셨고 아브라함은 믿음의 조상이 되었다(히 11:8).

　갈렙과 여호수아는 가히 절망적이라고 할 수 있는 상황에서도 순종했다. 애굽에서 나와 40년 동안 광야를 거닐고 눈앞에 강대한 족속과 마주하였지만 두 사람은 하나님의 약속을 믿었고 끝까지 순종했다(민 32:12).

　순종은 작은 일부터 큰일까지 하나님의 살아계심을 드러낸다. 요셉과 마리아의 순종으로 예수님이 이 땅에 오실 수 있었으며(눅 1:26-38), 베드로는 순종함으로 그물을 던져 많은 물고기를 잡았다(눅 5:1).

　예수님은 모든 인생이 하나님에 대한 순종이었다. 예수님의 순종이 없었다면 우리가 하나님께로 나아갈 수 있는 길은 끊어졌을 지도 모른다. 사도 바울 역시 순종함으로 복음을 전 세계에 전파했다(갈 1:16,17).

하나님은 시대를 막론하고 순종하는 사람을 통해 역사하신다. 어떤 시대를 살고 있든지 그리스도인은 하나님의 말씀을 기준으로 끝까지 순종해야 한다. 우리는 순종을 통해 어두운 세상에 하나님의 진리의 빛을 밝힐 수 있다.

6. 순종의 방법

하나님은 분명히 우리를 창조하셨고 자유의지를 허락하셨다. 그런데 왜 우리는 하나님의 말씀대로 순종하며 살아야 하는가? 내가 하고 싶은 대로 쾌락을 좇아 살면 안 되는가? 성경은 그 이유에 대해 다음과 같이 말하고 있다.

(1) 하나님이 우리의 창조주이시기 때문에(렘 18:6)

(2) 우리를 죄에서 구원해 주신 하나님의 사랑 때문에
(엡 2:1-10)

(3) 예수님도 죽기까지 순종하셨기 때문에(빌 2:8)

(4) 하나님은 순종을 통해 우리에게 좋은 것을 주시기 때문에(눅 11:9-13)

(5) 하나님의 뜻만이 영원히 남기 때문에(요일 2:15-17)

(6) 고난을 통해 순종을 배우기 때문에(히 5:8)

7. 불순종의 결과

불순종은 하나님의 뜻이 무엇인지 알면서도 따르지 않고 자기 뜻대로 행하는 것이다. 하나님의 뜻을 알거나, 내 행동이 말씀을 어기는 것인지 아는 순간 나의 모든 행위는 불순종이다. 하나님은 우리에게 성경을 통해 말씀하셨고 성령님을 통해 순종의 삶으로 인도하신다. 불순종은 하나님의 말씀과 성령님을 무시하는 행동이므로 하나님과의 분리라는 최악의 결과를 일으킨다.

아담은 불순종으로 하나님께 추방당했다(창 3:24). 사울은 불순종으로 하나님께 버림받았다(삼상 15:20-26). 이스라엘 백성도 불순종 때문에 타국에 포로로 잡혀갔으며(왕하 18:11), 궁극적으로 복음에 불순종한 사람들은 영원한 형벌, 지옥에 머무르게 된다.

우리가 하나님의 자녀라 해도 순종하지 않으면 구원의 기쁨을 상실하고 하나님의 능력을 경험할 수 없게 된다. 순종이 없는 삶은 구원의 능력이 없는 무능한 삶이다. 순종하기 위해서는 예수님을 믿어야 한다. 그리고 예수님을 믿는다면 순종해야 한다.

2

순종에 대한 설교

1. 순종의 길

"너희는 자기를 위하여 우상을 만들지 말찌니 목상이나 주상을 세우지 말며 너희 땅에 조각한 석상을 세우고 그에게 경배하지 말라 나는 너희 하나님 여호와임이니라 너희는 나의 안식일을 지키며 나의 성소를 공경하라 나는 여호와니라 너희가 나의 규례와 계명을 준행하면 내가 너희 비를 그 시후에 주리니 땅은 그 산물을 내고 밭의 수목은 열매를 맺을찌라 너희의 타작은 포도 딸 때까지 미치며 너희의 포도 따는 것은 파종할 때까지 미치리니 너희가 음식을 배불리 먹고 너희 땅에 안전히 거하리라 내가 그 땅에 평화를 줄 것인즉 너희가 누우나 너희를 두렵게 할 자가 없을 것이며 내가 사나운 짐승을 그 땅에서 제할 것이요 칼이 너희 땅에 두루 행하지 아니할 것이며 너희가 대적을 쫓으리니 그들이 너희 앞에서 칼에 엎드러질 것이라 너희 다섯이 백을 쫓고 너희 백이 만을 쫓으리니 너희 대적들이 너희 앞에서 칼에 엎드러질 것이며 내가 너희를 권고하여 나의 너희와 세운 언약을 이행하여 너희로 번성케 하고 너희로 창대케 할것이며 너희는 오래 두었던 묵은 곡식을 먹다가 새 곡식을 인하여 묵은 곡식을 치우게 될 것이며 내가 내 장막을 너희 중에 세우리니 내 마음이 너희를 싫어하지 아니할 것이며 나는 너희 중에 행하여 너희 하나님이 되고 너희는 나의 백성이 될 것이니라 나는 너희를 애굽 땅에서 인도하여 내어 그 종된 것을 면케 한 너희 하나님 여호와라 내가 너희 멍에 빗장목을 깨뜨리고 너희로 바로 서서 걷

서론

　그리스도인의 순종이란 예수님처럼 하나님이 우리에게 명하신 모든 말씀을 지켜 행하는 것이다. 그리스도인의 삶은 순종으로 시작해서 순종으로 끝난다. 순종을 빼놓고는 그리스도인의 삶을 말할 수가 없다.

　본 훼퍼는 "믿는 자만이 순종할 것이며 순종하는 자만이 믿게 될 것이다"라고 말했다.

　믿음과 순종은 결코 뗄 수 없는 불가분의 관계이다.

　이제 막 주님을 영접한 초신자, 신앙생활을 오래 한 사람에 상관없이 말씀을 향한 순종은 무조건적으로 이루어져야 한다. 하나님의 말씀에 대한 순종 없는 선행은 아무런 의미가 없다. 교회를 10년을 다니고, 봉사를 많이 하고, 기부를 아무리 많이 해도 하나님께 순종하지 않는 사람은 결코 하늘나라에 들어갈 수 없다.

　"속에서 곧 사람의 마음에서 나오는 것은 악한 생각 곧 음란과 도적질과 살인과 간음과 탐욕과 악독과 속임과 음탕과 흘기는 눈과 훼방과 교만과 광패니 이 모든 악한

것이 다 속에서 나와서 사람을 더럽게 하느니라"- 마가복음
7장 21-23절

"사무엘이 가로되 여호와께서 번제와 다른 제사를 그 목소리 순종하는 것을 좋아하심 같이 좋아하시겠나이까 순종이 제사보다 낫고 듣는것이 수양의 기름보다 나으니 이는 거역하는 것은 사술의 죄와 같고 완고한 것은 사신 우상에게 절하는 죄와 같음이라 왕이 여호와의 말씀을 버렸으므로 여호와께서도 왕을 버려 왕이 되지 못하게 하셨나이다"- 사무엘상 15장 22,23절

순종이 무엇이며 어떻게 해야 하는지를 명확히 알 때 참된 그리스도인의 삶을 살아갈 수 있다. 하나님은 본문인 레위기 26장을 통해 이스라엘 백성들에게 순종이 무엇인지 가르쳐 주셨다. 하나님은 먼저 순종해야 할 계명을 말씀하시고, 그 계명에 순종할 때 받게 되는 축복에 대해서 가르치셨다. 먼저 하나님이 가르쳐주신 순종해야 할 계명에 대해 알아보자.

첫째, 순종해야 하는 계명

본문에는 크게 반드시 순종해야 할 세 가지 계명이 나온다.

(1) 우상을 섬기지 마라(1절).

하나님보다 더 사랑하고 의지하는 모든 것이 우상이다. 하나님은 무엇보다 우상 숭배를 미워하신다. 피조물인 인간은 창조주 하나님을 가장 1순위로 놓아야 하는데 우상은 창조 질서를 방해하고 인간을 타락시켜 죄를 짓게 한다. 죄는 하나님과 인간 사이에 틈을 만들기 때문에 본문 외에도 성경 곳곳에서 하나님은 결코 우상을 섬기지 말라고 경고하신다.

> "이는 저희가 하나님의 진리를 거짓 것으로 바꾸어 피조물을 조물주보다 더 경배하고 섬김이라 주는 곧 영원히 찬송할 이시로다 아멘"- 로마서 1장 25절
> "너를 위하여 새긴 우상을 만들지 말고 또 위로 하늘에 있는 것이나 아래로 땅에 있는 것이나 땅아래 물속에 있는 것의 아무 형상이든지 만들지 말며 그것들에게 절하지 말며 그것들을 섬기지 말라 나 여호와 너의 하나님은 질투하는 하나님인즉 나를 미워하는 자의 죄를 갚되 아비로부터 아들에게로 삼 사대까지 이르게 하거니와"- 출애굽기 20장 4,5절

하나님은 이토록 우상숭배를 미워하신다. 그런데도 인간은 숱하게 헛된 것들로 우상을 만들어 섬기는 죄를 범해 왔다. 심지어 하나님이 우리의 창조주이심을 믿고 예수님을 믿음으로 구원받은 성도들도 우상 숭배의 죄를 짓는다.

인간이 이처럼 어리석은 죄를 짓는 데는 몇 가지 이유가 있다.

① 인간의 부패한 마음 때문에(롬 1:21)
② 조상이나 부모로부터 내려오는 영향으로(수 24:2)
③ 우상 숭배하는 사람과의 접촉으로(민 25:1-3)
④ 믿지 않는 사람과의 결혼으로(왕상 11:1-13)

이 밖에도 여러 가지 이유로 연약한 인간은 우상 숭배의 죄를 짓는다. 사람들은 우상이 자기에게 필요한 도움과 능력을 준다고 여겨 열심히 섬기지만 오직 전능하신 하나님 한 분 외에는 세상의 어떤 것도 불가능한 일이다. 세상의 모든 우상은 아무런 도움도 되지 않으며 오히려 하나님의 큰 징계를 받게 하는 원인이 된다. 오직 어리석은 사람들만이 말도 하지 못하고, 움직일 수도 없는, 사람이 만든 헛된 것들을 우상으로 섬긴다.

"저희 우상은 은과 금이요 사람의 수공물이라 입이 있어도 말하지 못하며 눈이 있어도 보지 못하며 귀가 있어도 듣지 못하며 코가 있어도 맡지 못하며 손이 있어도 만지지 못하며 발이 있어도 걷지 못하며 목구멍으로 소리도 못하느니라" - 시편 115편 4-7절

이런 분명한 증거가 있음에도 연약한 우리들은 자꾸 의지할, 눈에 보이는 우상들을 찾는다. 많은 그리스도인이 미래에 대한 두려움으로 신년이나 연말에는 점집을 찾곤 한다. 사람은 연약하기에 두려운 심정은 이해하지만 무엇보다도 그리스도인은 하나님의 말씀에 순종해야 하며, 그 하나님이 분명하게 "우상을 섬기지 말라"라고 명령하신 사실을 기억하며 지켜야 한다. 혹시나 모를 우상 숭배를 미연에 차단하기 위해서는 세 가지 사실을 명심하자.

① 먼저 우상이라고 생각되는 것들을 멀리하고 피하자.
"자녀들아 너희 자신을 지켜 우상에서 멀리하라" - 요한1서 5장 21절

② 우상을 섬기는 사람들과 단교하며 사귀지도 말자.
"이제 내가 너희에게 쓴 것은 만일 어떤 형제라 일컫는 자가 음행하거나 탐람하거나 우상 숭배를 하거나 후욕하거나 술 취하거나 토색하거든 사귀지도 말고 그런 자와는 함께 먹지도 말라 함이라" - 고린도전서 5장 11절

③ 우상의 제물을 먹지 않아야 하고, 역으로 복음 전파에 힘쓰자.
"가로되 여러분이여 어찌하여 이러한 일을 하느냐 우리도 너희와 같은 성정을 가진 사람이라 너희에게 복음을

전하는 것은 이 헛된 일을 버리고 천지와 바다와 그 가운데 만유를 지으시고 살아 계신 하나님께로 돌아 오라 함이라"– 사도행전 14장 15절

(2) 안식일을 지키며 성소를 공경하라(2절).

하나님은 6일 동안 천지만물과 인간을 창조하시고 7일에 안식하시며 복을 주셨다. 안식일의 기원은 사람이 아닌 하나님이며, 하나님이 인간을 위해 직접 축복하신 귀한 성일이다.

> "하나님이 일곱째 날을 복 주사 거룩하게 하셨으니 이는 하나님이 그 창조하시며 만드시던 모든 일을 마치시고 이 날에 안식하셨음이더라"– 창세기 2장 3절

엄밀히 말하자면 본래 안식일은 일주일의 제일 마지막 날인 토요일이다. 정확하게는 금요일 해가 질 무렵부터 토요일 해가 질 무렵까지다. 이 기준은 전통적으로 지켜지고 있던 안식일이었다가 모세가 시내산에서 율법으로 받으면서 명확하게 제정되었다(출 16:22–30).

> "안식일을 기억하여 거룩히 지키라 …이는 엿새 동안에 나 여호와가 하늘과 땅과 바다와 그 가운데 모든 것을 만들고 제 칠일에 쉬었음이라 그러므로 나 여호와가 안식일을 복되게 하여 그 날을 거룩하게 하였느니라"– 출애굽기 20장 8–11절

그 후에는 이스라엘 백성들이 가나안을 정복하기 직전에 다시 한번 안식일의 중요성이 강조되었다(신 5:12). 이사야 선지자도 안식일을 중요하게 지키라고 가르쳤고(사 56:2), 느헤미야는 포로로 잡혀갔다 무사히 고향으로 돌아온 이후에도 백성들에게 안식일의 중요성을 인지시켰다.

> "혹시 이 땅 백성이 안식일에 물화나 식물을 가져다가 팔려 할지라도 우리가 안식일이나 성일에는 사지 않겠고 제 칠년마다 땅을 쉬게 하고 모든 빚을 탕감하리라 하였고" – 느헤미야 10장 31절

하나님이 이토록 안식일의 준수를 강조하셨던 것은 일주일 중 하루를 구별하여 하나님께 드리는 '거룩한 구별'의 의미 때문이다. 하나님은 안식일을 지키는 사람에게 예외 없이 큰 복을 주셨으며 안식일을 어기는 사람에게는 때때로 죽음이라는 징계까지 내리셨다.

> "이스라엘 자손이 광야에 거할 때에 안식일에 어떤 사람이 나무하는 것을 발견한지라 …여호와께서 모세에게 이르시되 그 사람을 반드시 죽일찌니 온 회중이 진 밖에서 돌로 그를 칠찌니라 온 회중이 곧 그를 진 밖으로 끌어내고 돌로 그를 쳐 죽여서 여호와께서 모세에게 명하신대로 하니라" – 민수기 15장 32–36절

구약에 나오는 본래의 안식일은 이렇지만 주님께서 십자가에서 돌아가시면서 율법을 완성하시며 바뀌었다. 율법을 완성하시면서 인간을 구원하신 예수님을 통해 율법적인 의식들은 모두 폐기되었다.

이런 이유로 오늘날의 그리스도인은 구약의 안식일인 토요일이 아니라 주일을 지킨다. 단순히 명칭이 바뀌었기 때문에 안식일을 주일로 지키는 것이 아니라 주님이 부활하신 날이 주일이기 때문이다. 오순절 날 성령이 강림하며 초대 교회가 시작된 날도 바로 주일이다.

우리는 예수님이 부활하시고, 교회가 시작된 이날을 구약의 정신대로 구별하여 하나님께 드려야 한다. 구약 시대 이스라엘 백성들이 지키던 것과는 다른 이유이지만 모든 그리스도인은 주일을 거룩하게 여기며 또한 귀하게 지켜야 한다. 이는 세상에서의 힘든 삶을 끝내고 천국에서 진정한 안식에 들어갈 날을 소망하는 날이기 때문이다.

예수님은 나의 죄를 위해 돌아가시고 새로운 소망과 생명을 주시기 위해 또한 부활하셨다. 이 주님을 기리며, 찬양하며, 교제하는 날이 바로 주일이다. 하나님의 말씀을 받으며 주님께 감사의 열매를 드리는 주일을 우리가 생명처럼 지켜 갈 때에 하나님은 안식일을 지키는 이스라엘 백성들을 축복하셨듯이 우리를 축복하신다.

또한 하나님은 안식일과 함께 성소를 거룩히 여기라고 당부하셨다. 지금의 교회인 성소는 모든 사람이 기도로 하나님께 나아오는 거룩한 장소이며 하나님이 임재하시는 거룩한 장소이기 때문이다.

"내가 그를 나의 성산으로 인도하여 기도하는 내 집에서 그들을 기쁘게 할 것이며 그들의 번제와 희생은 나의 단에서 기꺼이 받게 되리니 이는 내 집은 만민의 기도하는 집이라 일컬음이 될 것임이라" - 이사야 56장 7절

성전은 이처럼 거룩한 곳이기 때문에 주님은 성전에서 장사하는 상인들을 보고 이례적으로 크게 분노하셨다. 분을 참지 못한 예수님은 노끈으로 채찍을 만들어 상인들을 내쫓아 성전을 다시 정결케 하셨다.

"성전에 들어가사 장사하는 자들을 내어 쫓으시며 저희에게 이르시되 기록된바 내 집은 기도하는 집이 되리라 하였거늘 너희는 강도의 굴혈을 만들었도다 하시니라"
   - 누가복음 19장 45,46절

시편 기자의 아름다운 고백처럼, 주님의 장막은 우리가 가장 사랑하고 사모하며 또한 공경해야 할 거룩하고 성스러운

장소다.

> "만군의 여호와여 주의 장막이 어찌 그리 사랑스러운지
> 요 내 영혼이 여호와의 궁정을 사모하여 쇠약함이여 내
> 마음과 육체가 생존하시는 하나님께 부르짖나이다 나
> 의 왕, 나의 하나님, 만군의 여호와여 주의 제단에서 참
> 새도 제 집을 얻고 제비도 새끼 둘 보금자리를 얻었나이
> 다 주의 집에 거하는 자가 복이 있나이다 저희가 항상
> 주를 찬송하리이다(셀라)" - 시편 84편 1-4절

(3) 하나님의 말씀을 준행하라(3절).

그리스도인은 무엇을 믿는 사람인가? 바로 예수님이다.
그렇다면 무엇을 기준으로 순종하며 따라야 하는가? 바로
하나님의 말씀이다. 성도의 유일한 신앙의 기준은 오직 성경
이다.

> "모든 성경은 하나님의 감동으로 된 것으로 교훈과 책
> 망과 바르게 함과 의로 교육하기에 유익하니 이는 하나
> 님의 사람으로 온전케 하며 모든 선한 일을 행하기에 온
> 전케 하려 함이니라" - 디모데후서 3장 16,17절

시편의 기자는 주님의 말씀을 "발에 등이요, 길에 빛"이라
고 고백했으며 "하나님의 말씀을 마음에 둘 때 죄를 짓지 않
을 수 있다"라고 고백했다. 하나님의 말씀에 대한 순종은 죄

를 멀리하고 하나님을 더욱 사랑하며 더 나아가 하나님이 주신 축복을 받을 수 있는 유일한 길이다. 꽉 막힌 율법처럼 무턱대고 지켜야 하기 때문에 말씀을 지켜야 하는 것이 아니다. 우리를 향한 하나님의 사랑을 통해 하나님이 예비하신 온갖 좋은 것들을 누리기 위해서 하나님의 말씀에 순종해야 한다.

> "청년이 무엇으로 그 행실을 깨끗케 하리이까 주의 말씀을 따라 삼갈 것이니이다 내가 전심으로 주를 찾았사오니 주의 계명에서 떠나지 말게 하소서 내가 주께 범죄치 아니하려 하여 주의 말씀을 내 마음에 두었나이다"
>
> – 시편 119편 9–11절

신앙생활의 성공과 실패는 말씀에 대한 순종에 달려 있다고 해도 과언이 아니다. 하나님의 말씀을 지켜 행하면, 즉 순종하면 삶이 형통해지고 풍성한 열매를 맺지만, 말씀을 멀리하고 불순종하면 하나님의 능력도, 기쁨도 경험하지 못하는 무미건조한 삶으로 전락하게 된다.

> "이 율법책을 네 입에서 떠나지 말게 하며 주야로 그것을 묵상하여 그 가운데 기록한대로 다 지켜 행하라 그리하면 네 길이 평탄하게 될 것이라 네가 형통하리라"
>
> – 여호수아 1장 8절

둘째, 순종의 축복

우리가 하나님께 반드시 순종해야 할 가장 큰 이유는 순종이 우리에게 오히려 축복이기 때문이다. 구약에도, 신약에도, 그리고 지금 살아가는 우리 시대에도 하나님께 순종하는 사람들은 큰 복을 받았다. 본문에는 순종할 때 받게 되는 놀라운 다섯 가지 축복이 나온다.

(1) 풍성한 열매를 맺는다(4,5,9절).

하나님은 순종하는 사람의 삶에 풍성한 열매를 맺게 해주겠다고 약속하셨다. 예수님 역시 동일한 약속을 하셨다. 순종하는 사람은 주님의 능력을 누리며 풍성한 열매를 맺는 삶을 살아가게 된다.

"나의 계명을 가지고 지키는 자라야 나를 사랑하는 자니 나를 사랑하는 자는 내 아버지께 사랑을 받을 것이요 나도 그를 사랑하여 그에게 나를 나타내리라" – 요한복음 14장 21절

(2) 하나님의 보호하심을 누린다(5,6절).

하나님의 계명을 지키는 사람은 하나님의 보호하심을 누리게 된다. 사망의 골짜기에서도 나를 안전히 지켜주시는 주님으로 인해 모든 걱정이 사라지며 마음의 참된 평안을 누릴 수 있다.

"수고하고 무거운 짐진 자들아 다 내게로 오라 내가 너희를 쉬게 하리라 나는 마음이 온유하고 겸손하니 나의 멍에를 메고 내게 배우라 그러면 너희 마음이 쉼을 얻으리니"– 마태복음 11장 28,29절

(3) 대적을 물리친다(7,8절).

하나님께 순종할 때 하나님이 우리를 대신해 싸워주신다. 여호수아와 이스라엘 백성들은 하나님께 순종함으로 도저히 이길 수 없는 전투에서 큰 승리를 거뒀다. 하지만 교만하여 불순종할 때 자신들의 힘으로 능히 이길 수 있을 것 같았던 약한 군대에게 대패를 당했다.

똑같은 순종의 원리가 우리의 삶에도 적용되고 있다. 하나님께 순종하는 사람은 하나님의 능력을 통해 어떤 상황에서도 승리하지만 하나님께 순종하지 않는 사람은 자신의 능력에만 의지하다가 결국은 지치고 패배하게 된다.

"두려워 말라 내가 너와 함께 함이니라 놀라지 말라 나는 네 하나님이 됨이니라 내가 너를 굳세게 하리라 참으로 너를 도와 주리라 참으로 나의 의로운 오른손으로 너를 붙들리라"– 이사야 41장 10절

(4) 새로운 변화가 일어난다(10절).

순종은 변화를 일으킨다. 가나의 혼인 잔치에서 하인들이

주님의 말씀에 순종함으로 물이 포도주가 된 것처럼, 주님의 말씀에 순종하는 사람의 아픈 몸이 그 즉시 치유된 것처럼, 하나님은 말씀대로 순종하는 사람의 몸과 마음을 매일 새롭게 변화시키는 놀라운 기적을 일으키신다.

"예수께서 저희에게 이르시되 항아리에 물을 채우라 하신즉 아구까지 채우니 이제는 떠서 연회장에게 갖다 주라 하시매 갖다 주었더니 연회장은 물로 된 포도주를 맛보고 어디서 났는지 알지 못하되 물 떠온 하인들은 알더라 연회장이 신랑을 불러" - 요한복음 2장 7-9절

그러나 무엇보다 가장 극적인 변화는 예수님을 믿음으로 일어나는 변화다. 아무리 방탕하고 죄를 저지르며 산 사람도 복음을 믿고 순종하면 새로운 피조물로 바뀌게 된다. 하나님이 보시기에 우리는 모두 다 같은 죄인이다. 구세주이신 예수님을 믿고 말씀대로 살기로 결심만 하면 하나님은 우리의 죄를 용서해 주시고 새로운 삶을 살 수 있도록 누구에게나 풍성한 은혜를 내려주신다.

"그런즉 누구든지 그리스도 안에 있으면 새로운 피조물이라 이전 것은 지나갔으니 보라 새것이 되었도다"
– 고린도후서 5장 17절

순종은 반드시 변화를 가져온다. 죄악된 삶에서 벗어나 새로운 삶을 살기 위해서는 반드시 주님께 순종해야 한다. 주

님께 순종하며 말씀을 준행할 때 삶이 변하고 인격이 변하며 모든 환경이 주님의 은혜 가운데 거하며 변화된다.

(5) 하나님과 더 긴밀히 교제한다(12절).

죄는 곧 불순종이다. 하나님의 말씀을 어기고 불순종의 죄를 저지를 때 우리는 하나님과 더 이상 교제할 수 없으며 하나님은 우리의 말과 기도를 듣지 않으신다. 반면에 순종을 통해서는 하나님과 더욱 긴밀한 교제를 체험할 수 있다.

이 원리는 모든 사람에게 똑같이 적용된다.

하나님이 직접 창조하신 아담도 불순종의 죄를 저질렀을 때 추방이라는 대가를 치렀으며 하나님의 마음에 합했던 다윗도 불순종의 죄로 인해 하나님의 징계를 받았다.

> "주의 얼굴을 내 죄에서 돌이키시고 내 모든 죄악을 도말하소서 하나님이여 내 속에 정한 마음을 창조하시고 내 안에 정직한 영을 새롭게 하소서 나를 주 앞에서 쫓아내지 마시며 주의 성신을 내게서 거두지 마소서 주의 구원의 즐거움을 내게 회복시키시고 자원하는 심령을 주사 나를 붙드소서" – 시편 51편 9–12절

하나님은 순종하는 모든 사람을 사랑하신다. 순종하는 사람은 하나님이 베푸시는 큰 능력과 회복을 경험하지만 불순종의 죄를 범하는 사람은 하나님과 단절된 삶을 살아간다. 피조물인 인간에게 하나님과의 단절은 무엇과도 비교할 수

없는 가장 큰 저주이자 불행이다.

"너희가 내 안에 거하고 내 말이 너희 안에 거하면 무엇이든지 원하는대로 구하라 그리하면 이루리라" – 요한복음 15장 7절

결론

그리스도인의 삶은 곧 순종의 삶이다.

그리스도인의 삶은 주님의 말씀에 순종함으로 시작되고 순종함으로 끝난다. 주님의 말씀에 순종하지 않고 우리의 마음과 생각으로 하나님을 기쁘게 할 수는 없다. 순종은 막연한 것이 아닌 하나님의 말씀과 성령님의 인도하심이 있는 구체적인 것이다.

하나님은 이스라엘 백성들에게 우상은 무엇이든 섬기지 말고 안식일을 지키며 성소를 거룩히 지키라고 명령하셨다. 또한 모든 규례와 계명을 지키라고 말씀하셨다. 이 말씀을 지키는 것이 곧 순종이다.

또한 하나님께 순종하는 사람은 큰 복을 받는다.

하나님이 우리에게 순종을 명하신 이유는 순종의 길이 우

리에게 가장 큰 유익이 되는 축복의 길이기 때문이다. 하나님의 말씀에 순종하는 사람은 삶에 풍성한 열매가 맺힌다. 하나님의 보호하심으로 어디서든 안전하며 마음에는 평안이 찾아온다. 내 힘이 아닌 하나님의 힘으로 대적을 물리치며 삶이 은혜로 새로워진다.

그러나 무엇보다도 크고 중요한 변화는 하나님과 깊은 교제를 나눌 수 있게 된다는 사실이다. 순종하는 사람은 하나님과 교제하며 세상에서 천국의 기쁨을 영위한다. 그러므로 순종은 진정한 행복의 열쇠이다.

2. 순종하여 손을 내밀라!

"예수께서 다시 회당에 들어가시니 한편 손 마른 사람이 거기 있는지라 사람들이 예수를 송사하려 하여 안식일에 그 사람을 고치시는가 엿보거늘 예수께서 손 마른 사람에게 이르시되 한 가운데 일어서라 하시고 저희에게 이르시되 안식일에 선을 행하는 것과 악을 행하는 것, 생명을 구하는 것과 죽이는 것, 어느 것이 옳으냐 하시니 저희가 잠잠하거늘 저희 마음의 완악함을 근심하사 노하심으로 저희를 둘러 보시고 그 사람에게 이르시되 네 손을 내밀라 하시니 그가 내밀매 그 손이 회복되었더라 바리새인들이 나가서 곧 헤롯당과 함께 어떻게 하여 예수를 죽일꼬 의논하니라" – 마가복음 3장 1~6절

서론

본문에는 안식일에 예수님이 손 마른 사람의 병을 고쳐주시는 장면이 기록되어 있다. 당시 예수님은 이제 막 공생애를 시작하시며 하늘나라의 복음을 전하고 계셨다. 진리의 말씀을 전하고 수많은 병자들을 고쳐주시는 주님을 많은 사람이 따랐다. 날이 갈수록 주님의 인기가 높아지자 종교 지도자들은 질투에 눈이 멀어 예수님을 증오했다. 그들은 그토록 바라던 메시아가 왔음에도 빛을 알아보지 못하고 오히려 예

수님을 책잡아 어떻게든 죄를 물으려고 혈안이 되었다.

종교 지도자들이 아무리 노력을 해도 온전하신 예수님의 잘못을 찾을 수는 없었다. 그들은 고심 끝에 한 가지 올무를 준비했다. 안식일에 회당에 손 마른 사람을 데려다 놓고 예수님이 어떻게 하시는지 관찰했다. 당시 이스라엘은 율법을 엄격하게 지켜야 했으므로 안식일에는 아무런 일도 해서는 안 됐다. 그들은 만약 예수님이 병자를 고쳐주시면 중한 율법을 어기는 잘못을 저질렀다고 송사하고, 손 마른 사람을 고쳐주지 않으시면 병자를 외면하는 매정한 사람으로 몰아가려고 계획을 세웠다.

이런 악한 생각을 하는 종교 지도자들에게 예수님은 오히려 다음과 같이 물으셨다.

"안식일에 선을 행하는 것과 악을 행하는 것, 생명을 구하는 것과 죽이는 것 어느 행동이 옳으냐?"

안식일을 지키라는 율법은 알았지만 왜 안식일을 지켜야 하는지를 몰랐던 종교 지도자들은 아무런 대답을 할 수 없었고, 예수님은 곧장 손이 마른 사람에게 손을 내밀라고 명하셨다. 많은 종교 지도자들이 적대시하는 예수님의 말씀이었지만 손이 마른 사람은 조금도 두려워하지 않고 말씀대로 손을 내밀었고, 고침을 받았다. 주님은 그의 손을 깨끗케 회복시키셨다.

하나님을 향한 순종의 기회는 예기치 못한 때에, 우리 마음과 상황이 여의치 않을 때에도 찾아온다. 때로는 이해가 되지 않더라도 하나님의 말씀이 임하시면 우리는 언제든지 손을 내밀어 순종해야 한다. 하나님이 우리에게 내리시는 명령은 우리에게 복을 주시고 회복시켜주시기 위함이다. 하나님의 말씀을 따라 순종으로 손을 내밀어야 하는 상황은 크게 세 가지가 있다.

첫째, 봉사의 손을 내밀어야 한다.

봉사는 그리스도인으로서 반드시 해야 하는 의무는 아니지만 커다란 축복이자 특권이다. 주님의 사랑을 통해 구원받은 우리의 기쁨은 하나님과 이웃을 섬기며 더욱 커진다. 예수님도 친히 공생애의 기간을 통해 우리에게 봉사의 본을 보여주셨다.

(1) 예수님의 보여주신 본

주님의 봉사의 동기는 사랑이었으며 목적은 영혼 구원이었다. 주님은 자기 목숨을 바치면서까지 우리를 섬기셨다. 다시 말하면 주님은 우리를 섬기기 위해 자신의 목숨을 드린 것이다. 목숨을 바치면서까지 우리를 섬기신 주님의 사랑이 우리 안에 있는데 어찌 하나님을 섬기지 않을 수 있겠으며,

이웃을 돕지 않을 수 있겠는가. 예수님이 주시는 사랑으로 예수님이 보여주신 모습을 따라 하나님을 섬기고 이웃을 도울 때 기쁨이라는 큰 열매가 맺힌다.

> "인자의 온 것은 섬김을 받으려 함이 아니라 도리어 섬
> 기려 하고 자기 목숨을 많은 사람의 대속물로 주려 함이
> 니라"- 마가복음 10장 45절
> "내가 진실로 진실로 너희에게 이르노니 한 알의 밀이
> 땅에 떨어져 죽지 아니하면 한 알 그대로 있고 죽으면
> 많은 열매를 맺느니라"- 요한복음 12장 24절

(2) 봉사의 대상

우리가 봉사해야 할 대상은 하나님과 모든 이웃이다. 하나님은 우리의 창조주이시며 구세주이시다. 하나님을 향한 봉사는 마땅한 성도의 의무이다. 공의의 하나님은 심판의 그날에 우리의 행위를 따라 상급을 주시며 판단하실 분이시다. 하나님과 하나님이 봉사의 대상으로 정해주신 이웃을 섬기며 살아갈 때 하나님이 주시는 상급을 받을 수 있다.

> "너희는 자기를 위하여 우상을 만들지 말찌니 목상이나
> 주상을 세우지 말며 너희 땅에 조각한 석상을 세우고 그
> 에게 경배하지 말라 나는 너희 하나님 여호와임이니라
> 너희는 나의 안식일을 지키며 나의 성소를 공경하라 나

는 여호와니라" – 레위기 26장 1,2절

(3) 봉사의 유익

하나님을 향한 순종이 오히려 우리에게 축복이 되듯이 하나님과 이웃을 섬기는 삶 역시 하나님이 복을 주시는 방법이다. 우리가 말씀을 따라 봉사의 손을 내밀 때 주님은 심지어 물질적인 축복까지 주시겠다고 약속하셨다.

> "내가 너희 비를 그 시후에 주리니 땅은 그 산물을 내고 밭의 수목은 열매를 맺을찌라 너희의 타작은 포도 딸 때까지 미치며 너희의 포도 따는 것은 파종할 때까지 미치리니 너희가 음식을 배불리 먹고 너희 땅에 안전히 거하리라" – 레위기 26장 4,5절

하나님의 축복은 여기서 끝나지 않는다. 하나님과 이웃을 섬길 때 하나님은 모든 재앙에서 우리를 지켜주신다고 약속하셨으며(레 26:6) 봉사할 때 근심과 모든 걱정을 사라지게 하시고 큰 기쁨을 허락하신다고 약속하셨다(빌 4:4). 하나님은 말씀을 따라 우리가 행한 작은 도움의 손길도 잊지 않으시고 큰 상급으로 보답하여 주시는 분이시다(마 10:40).

우리가 가진 재능과 환경은 모두 하나님이 주신 것이다. 나 혼자 잘 먹고 잘 살라고 주신 것이 아니라 하나님과 이웃

을 섬기고 도우라고 달란트를 주신 것이기 때문에 하나님이 나에게 맡겨주신 분량만큼 최선을 다해 하나님과 이웃을 도와야 한다.

"각각 은사를 받은대로 하나님의 각양 은혜를 맡은 선한 청지기 같이 서로 봉사하라" – 베드로전서 4장 10절

둘째, 구제의 손을 내밀어야 한다.

한국 교회의 폭발적인 성장은 세계적으로도 유래를 찾기 힘들 정도의 부흥이었다. 엄청나게 발전한 교회의 성장에 비해 사회적인 봉사와 구제의 손길은 매우 부족하다는 비판을 받기도 하였으나 최근에는 많은 교회들이 다양한 방법으로 구제 사역을 펼치고 있다.

구제는 우리의 생각보다 성도와 교회가 관심을 가져야 할 실천적인 신앙의 덕목이다. 주님의 크신 사랑을 받은 성도들은 마땅히 구제에 힘쓰는 삶을 살아야 한다. 성경 곳곳에서 하나님과 예수님은 구제의 중요성에 대해 가르치셨다.

(1) 구약에 나오는 구제에 대한 가르침

구약에는 "구제하라"라는 직접적인 지침보다 하나님이 특별히 더 사랑하시며 돌보시는 대상을 언급함으로 구제에 대한 교훈을 준다.

"너는 과부나 고아를 해롭게 하지 말라 네가 만일 그들을 해롭게 하므로 그들이 내게 부르짖으면 내가 반드시 그 부르짖음을 들을찌라" - 출애굽기 22장 22,23절

하나님은 고아와 과부, 가난한 사람을 특별히 사랑하셨고 나그네를 불쌍히 여기셨다. 백성들은 또한 십일조를 따로 드려 불쌍한 사람을 돕는 일에 사용했다.

"매 삼년 끝에 그 해 소산의 십분 일을 다 내어 네 성읍에 저축하여 너의 중에 분깃이나 기업이 없는 레위인과 네 성중에 우거하는 객과 및 고아와 과부들로 와서 먹어 배부르게 하라 그리하면 네 하나님 여호와께서 너의 손으로 하는 범사에 네게 복을 주시리라" - 신명기 14장 28,29절

(2) 신약에 나오는 구제에 대한 가르침

신약에서는 구제에 대해 조금 더 직접적인 가르침이 나온다. 예수님은 그리스도인의 구제가 특별한 봉사가 아닌 일상의 모습이 되어야 한다고 말씀하셨고 사도 바울도 특별히 구제에 힘쓸 것을 성도들에게 권면했다.

"그러므로 구제할 때에 외식하는 자가 사람에게 영광을 얻으려고 회당과 거리에서 하는 것 같이 너희 앞에 나팔을 불지 말라 진실로 너희에게 이르노니 저희는 자기 상을 이미 받았느니라 너는 구제할 때에 오른손의 하는 것을 왼손이 모르게 하여 네 구제함이 은밀하게 하라 은

밀한 중에 보시는 너의 아버지가 갚으시리라" - 마태복음 6장
2-4절

"다만 우리에게 가난한 자들 생각하는 것을 부탁하였으
니 이것을 나도 본래 힘써 행하노라" - 갈라디아서 2장 10절

야고보는 "믿음을 구제라는 행위로 나타내라"라고 말했다
(약 2:14). 구제는 하나님을 기쁘시게 하는 일이기 때문에 초대
교회 성도들은 무엇보다도 남을 돕는 일에 뜨겁게 헌신하며
구제의 본을 보였다. 초대 교회 성도들은 가진 것이 풍족해
서 나눈 것이 아니라 주님이 그렇게 말씀하셨기 때문에 나눴
다. 다비다는 가진 것이 없었지만 바느질을 해서라도 구제와
선행을 뜨겁게 실천했다(행 9:36).

"오직 선을 행함과 서로 나눠주기를 잊지 말라 이같은
제사는 하나님이 기뻐하시느니라" - 히브리서 13:16

(3) 구제의 원리

구제는 내가 가진 것을 손해 보며 다른 사람에게 내어주는
것이 아니라 하나님을 향한 투자다. 하나님은 구제하는 사람
에게 축복으로 갚아주신다고 분명히 약속하셨다.

"주라 그리하면 너희에게 줄 것이니 곧 후히 되어 누르
고 흔들어 넘치도록 하여 너희에게 안겨 주리라 너희의
헤아리는 그 헤아림으로 너희도 헤아림을 도로 받을 것
이니라" - 누가복음 6장 38절

자기 것을 아까워하는 사람은 아무리 많이 가져도 구제할 수 없다. 목숨까지 나를 위해 바치신 주님의 희생을 기억할 때 주님의 말씀을 따라 아까워하기보다 기쁜 마음으로 구제를 실천할 수 있다.

구제는 소유의 많고 적음보다는 영적인 풍요로움과 관계가 있다. 구제는 율법이 아닌 사랑의 표현이기 때문에 개인적으로 결정할 문제이지만 하나님을 사랑하고, 구제의 원리를 아는 사람은 그렇지 못한 사람보다 더욱 기쁜 마음으로 희생하게 된다.

> "각각 그 마음에 정한대로 할 것이요 인색함으로나 억지로 하지 말찌니 하나님은 즐겨 내는 자를 사랑하시느니라" – 고린도후서 9장 7절

(4) 구제의 자세

구제는 나를 드러내 칭찬받으려고 하는 것이 아니다. 오직 하나님이 베푸신 은혜와 말씀에 대한 순종으로 이루어져야 하기 때문에 무엇보다 은밀해야 한다.

> "사람에게 보이려고 그들 앞에서 너희 의를 행치 않도록 주의하라 그렇지 아니하면 하늘에 계신 너희 아버지께 상을 얻지 못하느니라 그러므로 구제할 때에 외식하는 자가 사람에게 영광을 얻으려고 회당과 거리에서 하는 것 같이 너희 앞에 나팔을 불지 말라 진실로 너희에

게 이르노니 저희는 자기 상을 이미 받았느니라 너는 구제할 때에 오른손의 하는 것을 왼손이 모르게 하여 네 구제함이 은밀하게 하라 은밀한 중에 보시는 너의 아버지가 갚으시리라" – 마태복음 6장 1-4절

또한 되도록 성실하게 해야 한다. 세상 사람은 우리의 말과 논리에 감동받고 감화되는 것이 아닌 우리의 행실에 감동을 받고 감화되어 복음을 접하게 된다. 전도자 무디는 "모든 성경 중에 가장 훌륭한 번역은 삶의 번역"이라고 말했다. 주님이 맡겨주신 삶의 분량대로 구제의 손을 내밀어 주님께 순종할 때 하나님이 갚아주시는 큰 복을 누리고 또한 그리스도인의 선한 행실을 통해 세상 사람은 하나님의 살아계심을 보게 될 것이다.

"너희는 세상의 소금이니 소금이 만일 그 맛을 잃으면 무엇으로 짜게 하리요 후에는 아무 쓸데 없어 다만 밖에 버리워 사람에게 밟힐 뿐이니라 너희는 세상의 빛이라 산위에 있는 동네가 숨기우지 못할 것이요 사람이 등불을 켜서 말 아래 두지 아니하고 등경 위에 두나니 이러므로 집안 모든 사람에게 비취느니라 이같이 너희 빛을 사람 앞에 비취게 하여 저희로 너희 착한 행실을 보고 하늘에 계신 너희 아버지께 영광을 돌리게 하라" – 마태복음 5장 13-16절

셋째, 기도의 손을 내밀어야 한다.

세계적인 부흥사 빌리 그래함 목사는 "기도는 아침의 열쇠요, 저녁의 자물쇠다"라고 말했다. 성경에 나오는 모든 믿음의 의인들은 기도로 하나님께 쓰임 받았고, 기도로 놀라운 이적을 행했다. 기도는 신앙생활에서 빠질 수 없는 가장 중요한 요소이며, 하나님의 능력을 체험할 유일한 수단이기 때문에 그리스도인은 다른 무엇보다도 기도의 손을 높이 들어야 한다. 우리가 기도할 때 하나님은 놀라운 능력의 손을 우리를 향해 펴신다.

> "내가 주의 성소를 향하여 나의 손을 들고 주께 부르짖을 때에 나의 간구하는 소리를 들으소서" – 시편 28장 2절

(1) 기도의 손을 내밀 때 어려움을 극복할 수 있다.

우리 힘으로 이겨낼 수 없는 순간에, 모든 것을 포기해야 할 순간에, 아직 극복할 방법이 한 가지 남아있다. 바로 기도다. 모세는 눈앞의 커다란 홍해를 기도의 손을 내밀어 갈라 위기를 극복했다. 히스기야는 기도를 통해 생명을 15년이나 연장했다. 바울과 실라도 기도를 통해 옥에서 구출되었으며 하나님과 동등하신 주님도 공생애의 기간 동안 모든 일을 기도로 이루셨다. 기도는 우리가 처한 모든 문제를 해결해 줄 수 있는 놀라운 능력이자 기적이다.

"모세가 바다 위로 손을 내어민대 여호와께서 큰 동풍으로 밤새도록 바닷물을 물러가게 하시니 물이 갈라져 바다가 마른 땅이 된지라" - 출애굽기 14장 21절

(2) 기도의 손을 내밀 때 승리한다.

여호수아가 아말렉과 싸울 때 승리를 결정지은 것은 기도였다. 모세가 뒤에서 손을 들고 기도하면 여호수아가 유리했고, 모세의 손이 내려오면 아말렉이 유리한 전황이 펼쳐졌다. 기도는 승리에 있어서 보조적인 수단이 아니라 승리를 위한 가장 강력한 수단이다.

영적인 싸움도 마찬가지이다. 우리가 손을 높이 들어 하나님께 기도할 때 죄를 물리치고 사탄으로부터 승리할 수 있지만, 여러 이유로 기도의 손을 놓으면 결코 승리할 수 없다. 승리하는 그리스도인의 삶의 비결은 바로 기도하는 손에 있다. 그리스도인은 기도의 손을 결코 내려놓지 말아야 하며 또한 다른 이들을 위해서도 기도하며 중보해야 한다.

"마귀의 궤계를 능히 대적하기 위하여 하나님의 전신갑주를 입으라 우리의 씨름은 혈과 육에 대한 것이 아니요 정사와 권세와 이 어두움의 세상 주관자들과 하늘에 있는 악의 영들에게 대함이라 그러므로 하나님의 전신갑주를 취하라 이는 악한 날에 너희가 능히 대적하고 모든 일을 행한 후에 서기 위함이라 그런즉 서서 진리로 너희

허리 띠를 띠고 의의 흉배를 붙이고 평안의 복음의 예비한 것으로 신을 신고 모든 것 위에 믿음의 방패를 가지고 이로써 능히 악한 자의 모든 화전을 소멸하고 구원의 투구와 성령의 검 곧 하나님의 말씀을 가지라 모든 기도와 간구로 하되 무시로 성령 안에서 기도하고 이를 위하여 깨어 구하기를 항상 힘쓰며 여러 성도를 위하여 구하고"– 에베소서 6장 11-18절

『독일의 조그마한 촌락 뉘른베르크에 알브레히트 뒤러라는 소년이 있었다. 어려서부터 그림을 공부하고 싶어 했고 재능도 있었지만 가난한 집안에서 태어났기 때문에 뒤러는 학교에도 갈 수 없었다.

뒤러의 가장 친한 친구도 역시 가난한 탓에 공부를 할 수 없었는데 서로의 꿈을 나눈 끝에 한 사람씩 일을 해 다른 사람의 학비를 대주기로 의견을 모았다. 친구는 뒤러가 먼저 미술을 공부할 수 있게 일을 시작했고 그 덕분에 뒤러는 하고 싶은 그림을 마음껏 그릴 수 있었다.

시간이 흘러 뒤러는 꽤 이름을 알린 화가가 됐다. 그림을 팔아 충분히 생활할 수 있게 된 뒤러는 어렸을 때 못다 한 약속을 지키려고 친구를 찾아갔다. 문을 열고 들어서자 뒤러의 친구는 구석에서 조용히 하나님께 기도를 드리고 있었다.

"주님, 저는 일을 하다 손을 다쳐 이제 공부를 할 수 없습니다. 저의 꿈은 사라졌으나 저 대신 저의 가장 친한 친구 뒤러의 재능은

꽃피우게 도우소서."

뒤러는 자신이 화가로 성공할 수 있었던 비결이 자신의 재능이 아닌 친구의 기도 때문이라는 것을 알았다. 큰 감명을 받은 뒤러는 곧장 연필을 가져와 기도하는 친구의 손을 스케치했다. 뒤러가 그린 '기도의 손'은 세계적인 명화가 되어 지금도 걸작으로 인정받고 있다.』

기도하는 사람은 결코 실패하지 않는다. 지치고 힘들어도 기도할 힘이 있다면 결코 포기하지 말아야 한다. 하나님은 기도하는 사람을 절대로 버리지 않으신다.

결론

손 마른 병으로 수치와 고난의 삶을 살고 있던 병자는 안식일에 회당에서 주님을 만났다. 매일이 지옥 같고 괴로웠던 일상이 "손을 내밀라"라는 주님의 한 마디에 180도 변하였다. 다만 말씀에 순종했을 뿐인데 누구도 고치지 못한 병이 완전히 회복되는 기적이 일어났다.

주님께 순종하여 손을 내밀 때 생각지도 못한 기적이 일어났듯이 주님은 지금도 우리가 순종하기를 원하고 계신다. 하나님을 위해서가 아니라 바로 우리 자신을 위한 가장 중요한 일이기 때문이다.

첫째, 주님은 봉사의 손을 원하고 계신다.
둘째, 주님은 구제의 손을 원하고 계신다.
셋째, 주님은 기도의 손을 원하고 계신다.

모든 그리스도인은 봉사의 손을 내밀어 하나님과 이웃을 섬겨야 하며, 구제의 손을 내밀어 가난하고 어려운 사람을 돌봐야 한다. 그리고 무엇보다 기도의 손을 잊지 말고 뜨겁게 기도함으로 승리하는 삶을 살아야 한다. 순종함으로 봉사하며, 구제하며, 기도할 때 하나님은 우리에게 놀라운 축복을 부어주시며 형통한 길로 인도하신다.

3. 순종하여 씨를 심으라!

"스스로 속이지 말라 하나님은 만홀히 여김을 받지 아니하시나니 사람이 무엇으로 심든지 그대로 거두리라 자기의 육체를 위하여 심는 자는 육체로부터 썩어진 것을 거두고 성령을 위하여 심는 자는 성령으로부터 영생을 거두리라 우리가 선을 행하되 낙심하지 말찌니 피곤하지 아니하면 때가 이르매 거두리라 그러므로 우리는 기회 있는대로 모든 이에게 착한 일을 하되 더욱 믿음의 가정들에게 할찌니라" – 갈라디아서 6장 7–10절

서론

'심음과 거둠의 법칙'은 세상을 관통하는 진리다.

뿌린 대로 거두리라. 이 단순한 진리는 모든 나라, 모든 민족에게 비슷한 격언을 통해 전해지고 있다. 거짓을 심는 사람은 거짓의 열매를 거두고 정직의 열매를 심는 사람은 정직의 열매를 거둔다. 지혜의 서 잠언은 이 법칙에 대해 다음과 같은 교훈을 말하고 있다.

"정직한 자의 성실은 자기를 인도하거니와 사특한 자의 패역은 자기를 망케 하느니라" – 잠언 11장 3절

『4월 1일은 외국에선 공공연한 거짓말이 허용되는 '만우절'이다. 대구의 한 라디오 방송국에서 만우절을 맞아 아침에 다음과 같은 광고를 했다.

"오늘 이 방송을 듣고 오전 중으로 방송국을 찾아오시는 분들에게는 최신식 라디오를 무료로 나눠드리겠습니다."

만우절을 맞은 아나운서의 거짓말이었지만 청취자들은 이 말을 철석같이 믿었다. 잠시 뒤 방송국은 라디오를 받기 위해 찾아온 인파로 문전성시를 이루었다. 대부분 가정주부들이었지만 그중에는 하던 일을 내팽개치고 방송국을 찾아온 직장인, 대신 사람을 보낸 고위급 관료들도 있었다. 심지어 전쟁터에서 시력을 잃고 시각장애인이 된 상이용사도 있었다. 상이용사는 방송을 듣고 라디오를 받으려고 무려 2시간을 헤매면서 찾아왔다고 했다.

"만우절이기에 괜찮겠지"라는 안일한 생각이 일으킨 큰 파국이었다. 사건이 일어난 1960년에는 아직 사람들에게 만우절이라는 풍습이 익숙하지 않았기 때문이다. 』

그리스도인이든 아니든 간에 인간은 누구든지 심는 대로 거둔다. 누구도 이 법칙의 예외는 없다. 돈을 위해 노력하면 돈을 더 벌게 되고, 영혼을 위해 노력하면 마음의 평안을 얻는다. 열심히 공부하는 학생이 성적을 올릴 수 있고, 열심히 운동하는 사람이 건강을 얻는 것 같은 당연한 이치이다. 무엇이든 심는 대로 거둔다. 우리가 감사를 심으면 축복의 열매를 거둔다고 시편 역시 가르치고 있다.

"내 영혼아 여호와를 송축하라 내 속에 있는 것들아 다 그 성호를 송축하라 내 영혼아 여호와를 송축하며 그 모든 은택을 잊지 말찌어다 저가 네 모든 죄악을 사하시며 네 모든 병을 고치시며 네 생명을 파멸에서 구속하시고 인자와 긍휼로 관을 씌우시며 좋은 것으로 네 소원을 만족케 하사 네 청춘으로 독수리 같이 새롭게 하시는도다"

– 시편 103편 1–5절

『가난한 가정에서 태어나 학교도 다니지 못하고 온갖 고생을 한 존 워너메이커는 훗날 '백화점 왕'이라 불리며 백만장자가 된 뒤에 다음과 같이 고백했다.

"어렸을 때 교회에 다니면서 헌금할 돈이 없었습니다. 뭐라도 드리고 싶은 마음에 어디서 벽돌을 구해 헌금함에 넣은 적이 있었습니다. 돈은 없었지만 저의 진심이었습니다. 하나님은 이런 저의 진심에 응답해 주셨고 이제는 벽돌 한 장이 아닌 커다란 교회를 얼마든지 하나님께 드릴 수 있게 됐습니다. 제가 드린 벽돌 한 장을 놀라운 축복으로 갚아주신 하나님의 은혜이자 축복입니다."

워너메이커는 힘들었던 어린 시절 물심양면으로 자신을 도와준 잠버스 목사님과 하나님의 사역을 위해 수십억을 들여 교회를 건축해 봉헌했다.』

사도 바울은 "일하기 싫으면 먹지도 말라"(살후 3:10)라고 했다. 이 역시 부지런히 심는 사람이 거둔다는 말이다. 그리스도인은 근면과 성실이 기본 심성이어야 한다. 하나님의 말씀을 따를 때 축복받는 인생을 살아가게 되며 하나님의 축복이 임할 때 남을 도우며 세상에 진리를 비출 힘과 능력을 얻게 되기 때문이다.

세계적인 역사학자인 아놀드 J. 토인비는 '잘 사는 민족의 특징'에 대해 다음과 같이 말했다.

"가장 중요한 특징은 근면, 두 번째 특징은 지성, 세 번째 특징은 협동입니다."

당연한 이야기이다.

진리는 어렵지 않다. 다만 실천이 어려울 뿐이다. 인생은 무엇을 심든지 심은 대로 거두게 되어 있다. 사랑을 심으면 사랑의 열매를 거두고, 믿음을 심으면 믿음의 열매를 거둔다. 노력을 심는 사람은 성공을 거두고 덕을 심으면 인망을 얻는다. 오늘날을 살아가는 그리스도인은 무엇을, 언제, 어떻게 심어야 하는지 성경을 통해 살펴보자.

첫째, 좋은 씨를 심어야 한다.

좋은 열매를 거두기 위해서는 좋은 씨를 심어야 한다. 나쁜 품종을 심은 뒤에 아무리 잘 가꾸고 보살펴도 좋은 열매가 자라기는 쉽지 않다. 이미 심은 씨앗 자체가 나쁘기 때문이다. 그리스도인이 심을 수 있는 가장 최고의 씨앗은 하나님의 말씀이다.

> "너희가 거듭난 것이 썩어질 씨로 된 것이 아니요 썩지 아니할 씨로 된 것이니 하나님의 살아 있고 항상 있는 말씀으로 되었느니라 그러므로 모든 육체는 풀과 같고 그 모든 영광이 풀의 꽃과 같으니 풀은 마르고 꽃은 떨어지되 오직 주의 말씀은 세세토록 있도다 하였으니 너희에게 전한 복음이 곧 이 말씀이니라" – 베드로전서 1장 23–25절

하나님의 말씀은 썩지 않는 영원한 씨앗이다.

우리가 말씀의 씨앗을 우리의 삶에 심으면 그 씨앗은 영원하며 풍성한 열매를 거두게 한다. 아브라함은 말씀의 씨앗을 심어 믿음의 조상이 되었고, 모세는 이스라엘 백성들을 애굽에서 이끌어낸 위대한 선지자가 되었으며, 베드로는 말씀의 씨앗을 심어 많은 물고기를 잡고, 또한 많은 사람을 낚는 주님의 어부가 되었다.

좋은 씨앗인 하나님의 말씀을 심으면 영원하고 풍성한 열매가 우리 삶에 열린다. 그러나 이 소중한 씨앗을 손에 들고 있다가 그냥 버리는 사람은 그만한 대가를 치르게 된다.

> "그러나 너희가 내게 청종치 아니하여 이 모든 명령을 준행치 아니하며 나의 규례를 멸시하며 마음에 나의 법

도를 싫어하여 나의 모든 계명을 준행치 아니하며 나의 언약을 배반할찐대 내가 이같이 너희에게 행하리니 곧 내가… 내가 너희를 치리니…" - 레위기 26장 14-17절

우리가 심어야 할 좋은 씨앗은 모두 말씀에 있다. 그 씨를 심을 때 하나님이 주시는 온갖 좋은 것을 우리의 삶에서 얻게 된다. 하나님의 말씀이 가장 좋은 씨앗이며 그 씨앗을 버리는 일은 세상에서 가장 어리석은 일임을 기억해야 한다.

둘째, 좋은 밭에 심어야 한다.

아무리 좋은 씨앗을 구했다 한들 좋은 밭에 심지 못하면 거둘 수 없다. 좋은 씨앗은 좋은 밭에 심어야 풍성한 열매를 거둔다. 예수님은 좋은 씨앗인 주님의 말씀을 어떤 밭에 뿌려야 하고 어떤 밭에 뿌리면 안 되는지 말씀으로 이미 가르쳐주셨다.

(1) 길가에 심으면 안 된다.

"말씀이 길 가에 뿌리웠다는 것은 이들이니 곧 말씀을 들었을 때에 사단이 즉시 와서 저희에게 뿌리운 말씀을 빼앗는 것이요" - 마가복음 4장 15절

하나님의 말씀을 열심히 듣기는 하지만 마음을 사탄에게 빼앗기면 아무것도 거두지 못한다고 주님은 말씀하셨다. 사탄은 말씀을 듣는 '즉시' 빼앗아 가려고 노력한다. 말씀을 듣고 묵상할 때 자꾸 다른 생각이 들고 집중하지 못하는 것은 사탄이 씨를 길가에 뿌리려고 노력하고 있다는 사실을 명심해야 한다. 성경은 좋은 씨앗을 길가에 뿌리지 않기 위해 다음과 같이 권면한다.

> "근신하라 깨어라 너희 대적 마귀가 우는 사자 같이 두루 다니며 삼킬 자를 찾나니"– 베드로전서 5장 8절

(2) 돌밭에 심으면 안 된다.

> "또 이와 같이 돌밭에 뿌리웠다는 것은 이들이니 곧 말씀을 들을 때에 즉시 기쁨으로 받으나 그 속에 뿌리가 없어 잠간 견디다가 말씀을 인하여 환난이나 핍박이 일어나는 때에는 곧 넘어지는 자요"– 마가복음 4장 16,17절

돌밭에 떨어진 씨앗은 뿌리를 내리지 못한다. 땅으로부터 양분을 빨아들이지 못하기 때문에 그 밑에 아무리 비옥한 토지가 있어도 곧 말라죽는다. 좋은 씨앗은 돌밭에 뿌려져도 싹이 튼다. 그러나 비옥한 땅 아래로 깊이 뿌리를 내리지는 못한다. 뿌리를 내리지 못한 새싹은 태양을 버티지 못하고 곧 말라죽고 만다.

주님의 이 비유는 신앙의 깊은 뿌리가 없으면 말씀을 듣고 잠시 깨달아 기뻐하긴 하지만 열매를 거두는 수확까지는 이루지 못한다는 가르침이다. 풍성한 열매를 거두기 위해서는 인내해야 한다. 때로는 가물고, 때로는 비가 많이 와도 농부가 인내함으로 1년을 버티고 수확철을 맞듯이 풍성한 열매를 거두기 위해서는 환란과 핍박을 견디며 말씀을 통해 얻은 기쁨을 지켜야 한다.

> "그러므로 내 사랑하는 형제들아 견고하며 흔들리지 말며 항상 주의 일에 더욱 힘쓰는 자들이 되라 이는 너희 수고가 주 안에서 헛되지 않은 줄을 앎이니라" – 고린도전서 15장 58절

(3) 가시떨기에 심으면 안 된다.

> "또 어떤이는 가시떨기에 뿌리우는 자니 이들은 말씀을 듣되 세상의 염려와 재리의 유혹과 기타 욕심이 들어와 말씀을 막아 결실치 못하게 되는 자요" – 마가복음 4장 18, 19절

가시떨기에 떨어진 씨앗은 처음엔 별다른 문제가 없이 자란다. 하지만 가시가 싹의 성장을 방해하고 흡수할 영양분을 빼앗아 기운이 막힌 새싹은 좋은 씨앗이 가진 능력대로 성장하지 못한다.

주님의 말씀을 인정하고, 그 말씀은 진지하게 받지만 말씀

보다 세상을 더 사랑하는 사람이 이런 사람이다. 세상 일에 지나치게 심취하거나 걱정하면 말씀을 마음으로 받을 수 없다. 예수님은 세상 일에 지나치게 염려하지 말라고 말씀하셨으며 요한도 세상을 사랑하지 말라고 권면했다.

"이 세상이나 세상에 있는 것들을 사랑치 말라 누구든지 세상을 사랑하면 아버지의 사랑이 그 속에 있지 아니하니 이는 세상에 있는 모든 것이 육신의 정욕과 안목의 정욕과 이생의 자랑이니 다 아버지께로 좇아 온 것이 아니요 세상으로 좇아 온 것이라"– 요한1서 2장 15,16절

돈의 유혹에 사로잡힌 사람도 말씀의 열매를 거두지 못한다. 돈을 사랑하는 것은 일만 악의 뿌리가 된다. 돈을 많이 벌거나, 돈이 많은 사람을 정죄하는 것이 아니라 돈을 벌려고 마음을 빼앗기고 혈안이 되어 있는 사람에겐 말씀의 씨앗이 심겨질 여지가 없다는 말이다.

"돈을 사랑함이 일만 악의 뿌리가 되나니 이것을 사모하는 자들이 미혹을 받아 믿음에서 떠나 많은 근심으로써 자기를 찔렀도다"– 디모데전서 6장 10절

돈이 많은 것이 죄가 아니다. 성경의 많은 위인들도 부자가 많았다. 그러나 하나님보다 돈을 더 사랑하고 지나친 욕심을 부리는 건 분명한 죄다. 하나님이 주시는 모든 은혜가 풍성한 줄 알고 자족하며 감사하는 삶이 그리스도인이 추구

해야 할 부요한 삶이다.

(4) 좋은 땅에 심어야 한다.

> "좋은 땅에 뿌리웠다는 것은 곧 말씀을 듣고 받아 삼십
> 배와 육십배와 백배의 결실을 하는 자니라" - 마가복음 4장 20절

좋은 씨앗이 좋은 땅에 심기면 백 배의 결실을 맺는다. 길
가가 아닌, 돌밭이 아닌, 가시떨기 밭이 아닌 밭에 뿌려진 씨
앗은 백 배의 결실을 맺는다. 마가복음 본문에는 '좋은 땅'
이라고만 나와 있지만 누가는 이를 조금 더 상세하게 기록
했다.

> "좋은 땅에 있다는 것은 착하고 좋은 마음으로 말씀을
> 듣고 지키어 인내로 결실하는 자니라" - 누가복음 8장 15절

좋은 땅이란 결국 좋은 마음과 인내다.
마음의 본성과 인격이 착하지 않으면 좋은 열매를 거둘 수
없다. 교만하고 다른 사람에게 상처를 주는 사람이 좋은 씨
앗인 주님의 말씀을 심을 수는 없다. 하나님은 능력 있는 사
람보다 심성이 착한 사람을 더욱 좋아하신다. 아니 심성이
착한 사람만을 사용하신다. 인격적으로 형편 없는 사람을 결
코 사용하지 않으시고 축복하지 않으시는 하나님 앞에 우리
는 먼저 바르고 정결한 마음을 준비해 씨앗을 심어야 한다.

또한 인내해야 한다.

말씀의 열매를 거두기까지 여러 환난과 핍박이 찾아온다. 사탄은 씨앗이 결실을 맺지 못하게 하려고 다양한 간교로 방해하기 때문이다. 세상의 갖가지 유혹도 우리의 마음을 흔든다. 말씀의 열매를 거두기 위해서는 주변의 유혹에 흔들리지 않고 인내함으로 주님의 때를 기다려야 한다.

착하고 좋은 마음으로 말씀을 받고 인내로 지키기만 한다면 결국 풍성한 열매가 우리 삶에 열리게 된다. 좋은 씨앗을 심을 수 있는 좋은 밭은 착한 심성과 수확을 기다릴 수 있는 인내다.

셋째, 제때에 심어야 한다.

> "천하에 범사가 기한이 있고 모든 목적이 이룰 때가 있나니 …하나님이 모든 것을 지으시되 때를 따라 아름답게 하셨고 또 사람에게 영원을 사모하는 마음을 주셨느니라" - 전도서 3장 1-11절

지금 시대를 살아가는 우리가 좋은 씨앗을 심어 풍성한 수확을 거두려면 지금 시대가 어떤 시대인지를 지혜롭게 파악해야 한다. 역사를 돌아봐도 시대를 잘 파악한 사람이 역경

을 극복하고 승리했다.

충무공 이순신 장군은 자신이 너무나도 불리한 상황에 처해 있다는 것을 알고 자급자족으로 보급까지 준비하며 결전을 준비해 역사상 전무후무한 승리를 거뒀다. 잔 다르크 역시 나라를 위해 쓰임 받았으며, 마틴 루터 킹 목사 역시 시대에 부응해 흑인 인권을 위해 하나님의 부르심대로 쓰임을 받았다. 깨어 기도하며 근신하는 사람에게 하나님은 시대를 보는 눈을 주시며 감당해야 할 사명이 무엇인지 가르쳐주신다.

"그러므로 이르시기를 잠자는 자여 깨어서 죽은 자들 가운데서 일어나라 그리스도께서 네게 비춰시리라 하셨느니라"- 에베소서 5장 14절

다양한 가치가 난립하고 혼탁한 거짓 진리가 판을 치는 지금 시대에 사는 우리는 그 어느 때보다도 깨어 기도하며 말씀의 씨앗을 심어야 한다. 시대를 알고 우리의 사명을 깨달을 때 좋은 씨앗을, 좋은 밭에, 때에 맞게 심어야 풍성한 열매를 거둘 수 있다.

넷째, 씨를 많이 뿌려야 한다.

> "이것이 곧 적게 심는 자는 적게 거두고 많이 심는 자는
> 많이 거둔다 하는 말이로다" - 고린도후서 9장 6절

좋은 씨앗이 백 배의 결실을 맺는다 하더라도 한 개만 심으면 100개의 수확밖에 얻지 못한다. 그러나 조금 더 노력해 10개를 심는다면 1,000개의 수확을 얻을 수 있다. 부지런히, 열심히 심는 사람은 심은 만큼 놀라운 수확을 거둔다. 하나님의 말씀을 멀리하고 세상에 정신이 팔린 게으른 사람은 설령 성도라 하더라도 많은 열매를 얻을 수 없다.

> "부지런하여 게으르지 말고 열심을 품고 주를 섬기라"
> - 로마서 12장 11절

부지런함은 모든 사람의 성공 비결이다. 발명왕 에디슨은 성공의 세 가지 비결 중 첫 번째로 부지런함을 꼽았다.

"성공하기 위해선 첫 번째로 부지런해야 하고, 둘째로는 인내심이 있어야 하며, 셋째로는 올바른 판단력이 있어야 한다."

하나님은 결코 인색한 사람이나 게으른 사람을 축복하지 않으신다. 우리가 많은 열매를 거두기 위해서는 많은 씨앗을 심어야 한다. 성경도 더 많이 읽어야 하며, 기도도 시간을 작

정하여 더 많이 드려야 한다. 구제와 봉사도 말씀을 따라 더 열심을 낼 때 주님은 우리 삶에 삼십 배, 육십 배, 백 배의 축복을 허락하신다.

결론

사람은 누구나 많은 열매를 맺고 풍성한 삶을 누리기를 원한다. 성경은 우리가 심은 대로 거두기 때문에 좋은 것을, 좋은 밭에 심어야 한다고 가르친다. 세상에서 썩어지지 않는 영원하고 풍성한 열매를 거두기 위해서는 세 가지 사실을 기억해야 한다.

첫째, 좋은 씨앗을 심어야 한다.
썩고 부패한 씨앗이나 나쁜 품종은 아무리 좋은 밭에 심고 비료를 주고 가꾼다 해도 좋은 열매를 기대할 수 없다. 우리가 가진 가장 좋은 씨앗은 하나님의 말씀이다. 이 말씀이 우리가 삶 속에서 열심히 심어야 할 씨앗이다.

둘째, 좋은 밭에 심어야 한다.
씨앗이 좋다고 항상 좋은 열매를 거두는 것은 아니다. 길가, 돌밭, 가시떨기에 씨앗이 떨어지면 아무리 좋은 씨앗이라 해도 열매를 거두기는 어렵다. 좋은 밭이란 착하고 좋은 마음, 그리고 수확의 때까지 기쁨을 안고 견딜 수 있는 인내심이다. 하나님의 말씀을 통해 누리는 기쁨을 인내로 지키면 풍성한 열매를 거둘 수 있다.

셋째, 제때에 많이 심어야 한다.

시대를 파악하여 항상 근심함으로 깨어 있어야 많은 열매를 맺을 수 있다. 또한 많은 씨앗을 부지런히 심어야 한다. 하나님은 인색하거나 게으른 사람은 축복하지 않으시고 부지런하고 많은 씨앗을 심는 사람에게 더욱 넘치도록 축복해 주신다.

4. 순종하여 하나님의 뜻을 행하라!

"그러므로 형제들아 내가 하나님의 모든 자비하심으로 너희를 권하노니 너희 몸을 하나님이 기뻐하시는 거룩한 산 제사로 드리라 이는 너희의 드릴 영적 예배니라 너희는 이 세대를 본받지 말고 오직 마음을 새롭게 함으로 변화를 받아 하나님의 선하시고 기뻐하시고 온전하신 뜻이 무엇인지 분별하도록 하라" – 로마서 12장 1,2절

서론

그리스도인의 가장 중요한 관심사는 무엇이어야 하는가? 바로 하나님의 뜻을 아는 것이다. 이제 막 예수님을 영접한 초신자나, 10년 이상 오랫동안 신앙생활을 해온 연륜 있는 신앙인이나 상관없이 그리스도인이라면 다른 무엇보다 하나님의 뜻에 가장 큰 관심을 가져야 한다. 평생의 돕는 배필인 결혼 대상을 정하는 일, 새 사업을 위한 결단을 내려야 할 때, 대학을 어디를 가야 하며, 어떤 지역, 어떤 집으로 이사를 해야 할지 등. 우리는 모든 분야에서 하나님의 뜻을 알기 원한다.

조지 트루엣은 "인간이 가질 수 있는 가장 위대한 지식은

하나님의 뜻을 아는 것이며, 인간이 행할 수 있는 가장 위대한 업적은 하나님의 뜻을 행하는 것이다"라고 말했다. 모든 일에 하나님의 뜻이 무엇인지 안다면 우리의 삶은 환희와 영광으로 가득 찬 놀라운 인생이 될 것이다.

모든 그리스도인이 트루엣의 말처럼 하나님의 뜻을 알고 행하기를 원하지만 안타깝게도 하나님의 뜻을 확실히 깨닫는 것은 그리 쉬운 일이 아니다. 답답한 마음에 어떤 성도들은 하나님께 기도하는 마음으로 동전을 던져 미래를 결정하기도 하고, 성경을 아무 곳이나 펼쳐 나에게 주신 하나님의 말씀이라고 생각하기도 한다. 때로는 답답한 마음에 무당을 찾아가 점을 보는 사람도 있다.

성경은 진리의 책이지만 쓰인 시대가 지금과 다르고 개인의 모든 문제까지 구체적이고 상세하게 다루고 있지는 않다. 하나님의 뜻을 분별하기 쉽지 않은 것은 바로 이 때문이다. 그럼에도 불구하고 우리는 하나님의 뜻을 분별하고, 그 뜻대로 살아가고자 하는 노력을 포기해서는 안 된다.

하나님의 뜻을 모르고서는 하나님을 기쁘시게 할 수도 없고, 하나님의 영광을 위해 살아가지도 못하기 때문이다. 성경을 통해 하나님이 우리에게 명명백백하게 밝혀주신 뜻은 무엇이며, 그 뜻을 일상에서 어떻게 분별하며 적용해야 하는지 알아보자.

첫째, 하나님의 뜻을 알아야 하는 이유

무디 신학교 원장이었던 조지 스위팅 박사는 그리스도인이 하나님의 뜻을 알아야 하는 이유를 다음과 같이 설명했다.

(1) 하나님만이 미래를 알고 계시기 때문에

인간은 천성적으로 미래에 대한 호기심을 갖고 있다. 과학이 발전하지 않은 시대에도 점을 치는 사람이 있었다. 천문학이 발달한 지금도 고대의 점성술을 믿고 점을 치는 사람이 있다. 어떤 사람은 발달한 과학과 기술로 미래를 예측하려고 시도한다. 그러나 역사상 그 어떤 사람도, 그 어떤 노력으로도 미래를 정확히 예측한 경우는 없다.

미래는 사람이 아닌 하나님의 영역이기 때문이다. 우리의 미래는 오직 하나님만이 알고 계신다. 하나님의 뜻을 아는 것은 우리의 미래를 아는 것이고, 우리의 미래를 알기 위해서는 하나님의 뜻이 무엇인지를 알아야 한다. 당장 내일 하루가 어떻게 펼쳐질지 모르는 불확실한 삶을 살아가는 우리를 인도하실 수 있는 분은 오직 하나님이시다. 하나님의 뜻을 알고 하나님의 뜻을 따르는 일은 그래서 중요하다.

(2) 하나님만이 우리에게 가장 좋은 것을 아시기 때문에

인생의 불가사의한 것 중 하나는 사람은 자기가 좋아하는 것과 갖고 싶은 것이 무엇인지 잘 알면서도 자신에게 필요한 것과 유익한 것이 무엇인지 제대로 분별하지는 못한다는 것이다. 자기에게 유익이 된다고 선택하는 많은 일들이 오히려 인생을 피폐하게 만드는 경우가 많다.

하나님의 뜻도 그렇다. 많은 사람이 하나님의 뜻을 알기를 구한다. 그러면서 정작 하나님의 뜻이 무엇인지 알게 되면 애써 외면하거나, 순종 대신 침묵으로 불응한다. 자기가 세워 놓은 계획과 너무나 다르기 때문이다.

하나님의 뜻을 사모하지 않는 사람은 하나님의 뜻이 무엇인지 안다 해도 그대로 따르지 않는다. 하나님의 뜻이 자기에게 오히려 나쁜 영향을 끼친다고 생각하기 때문이다.

하나님보다 우리에게 유익한 것을 더 잘 아시는 분은 없다. 이 생각을 인정하지 않는다면 왜 하나님을 믿고, 왜 하나님께 복을 구하고, 왜 하나님께 뜻을 알려달라고 기도하는가? 우리의 지식은 부족하지만 하나님은 모든 것을 아신다. 우리는 능력이 부족하지만 하나님은 전능하시다. 하나님은 독생자를 보내시면서까지 우리를 살리려고 하신 사랑의 아버지시다. 우리에게 주어진 최고의 삶을 살아가기 위해서는 단 한 가지 방법밖에 없다. 우리를 향한 하나님의 뜻을 알고 그 뜻대로 살아가는 것이다.

(3) 우리를 위한 축복의 계획을 갖고 계시기 때문에

하나님은 분명히 우리 개개인, 한 사람 한 사람에게 큰 관심을 가지고 계시다. 오늘날 많은 사람은 이 사실을 믿지 않는다. 개인은 거대화된 사회의 한 부품같이 초라하게 느껴지고, 때로는 세상의 그 누구도 개인에게는 관심이 없는 것처럼 느껴지기 때문이다.

스스로가 보기에 나란 존재는 너무나 약하고 보잘것없이 느껴질 때가 많다. 그러나 우리는 하나님의 형상대로 지음 받은 존귀한 존재라는 사실을 기억해야 한다. 성경은 이에 대해 분명히 증언하고 있다.

> "우리는 그의 만드신바라 그리스도 예수 안에서 선한
> 일을 위하여 지으심을 받은 자니 이 일은 하나님이 전에
> 예비하사 우리로 그 가운데서 행하게 하려 하심이니라"
>
> – 에베소서 2장 10절

세상에서 무력하고 연약하게 느껴질지라도 우리는 하나님의 형상대로 지음 받은 귀한 피조물이다. 하나님은 우리 각 개인에게 위대한 계획을 갖고 계시며 큰 축복을 주고 싶어 하신다. 우리에게 임한 하나님의 뜻이 무엇인지 안다면 우리를 언제나 좋은 곳으로 인도해 주실 주님이심을 믿고 그 뜻을 받아들여야 한다.

(4) 하나님의 뜻에 순종하기를 원하시기 때문에

우리가 하나님께 불순종하는 것에는 두 가지 경우가 있다. 하나는 하나님의 뜻을 알면서도 고의로 불순종하는 것이고 다른 하나는 하나님의 뜻을 깨닫지 못해 불순종하는 것이다. 아담과 하와는 하나님의 뜻을 알면서도 사탄의 유혹을 물리치지 못해 불순종하였다. 요나도 분명히 하나님의 뜻을 알았지만 고의로 하나님께 불순종하였다.

하지만 오늘날 많은 그리스도인은 하나님의 뜻을 행하기 원하면서도 하나님의 뜻을 깨닫지 못해 불순종하는 경우가 많다. 그러나 이유를 막론하고 불순종이 초래하는 결과는 마찬가지이다.

사도 바울은 "그러므로 어리석은 자가 되지 말고 오직 주의 뜻이 무엇인가 이해하라"(엡 5:17)라고 권면했다. 하나님께서 우리가 하나님의 뜻을 알고 그 뜻을 행하기를 원하시기 때문에 우리는 마땅히 하나님의 뜻을 알아야 한다.

둘째, 하나님의 뜻을 분별할 때의 주의점

하나님의 뜻을 분별하는 일은 하나님을 섬기고, 하나님께 영광을 돌리기 위해서 아주 중요한 일이다. 다만 조심해야 할 사안이 있다. 단순한 호기심으로 미래에 일어날 일이 궁금해 하나님의 뜻을 구하려고 하면 안 된다는 점이다. 이는 구하는 대상만 다를 뿐 점성술이나 다름없다. 주님께서는 우리에게 다음과 같이 분명히 경고하셨다.

> "너희 중에 선지자나 꿈 꾸는 자가 일어나서 이적과 기사를 네게 보이고 네게 말하기를 네가 본래 알지 못하던 다른 신들을 우리가 좇아 섬기자 하며 이적과 기사가 그 말대로 이룰찌라도 너는 그 선지자나 꿈 꾸는 자의 말을 청종하지 말라… 그 선지자나 꿈 꾸는 자는 죽이라 이는 그가 너희로 너희를 애굽 땅에서 인도하여 내시며 종 되었던 집에서 속량하여 취하신 너희 하나님 여호와를 배반케 하려 하며 너희 하나님 여호와께서 네게 행하라 명하신 도에서 너를 꾀어내려고 말하였음이라 너는 이같이 하여 너희 중에서 악을 제할찌니라"–신명기 13장 1–5절

특별히 이런 점을 주의해야 하는 이유는 두 가지 때문이다.

첫째로 미래에 대한 지식은 우리에게 유익보다 해가 된다. 사울은 그의 미래에 대해 알고 있었다. 그러나 그 사실이 그를 더욱 초조하고 비겁하고 불순종하게 만들었다. 다가올 미래를 알고 있다고 해서 더 나은 삶을 사는 것은 아니다. 때로는 주님께 모든 것을 맡기고 주어진 현재에 최선을 다하는 삶을 사는 것이 더 나은 삶을 위한 선택이다.

"사무엘이 사울에게 이르되 네가 어찌하여 나를 불러 올려서 나로 분요케 하느냐 사울이 대답하되 나는 심히 군급하니이다 블레셋 사람은 나를 향하여 군대를 일으켰고 하나님은 나를 떠나서 다시는 선지자로도, 꿈으로도 내게 대답지 아니하시기로 나의 행할 일을 배우려고 당신을 불러 올렸나이다 사무엘이 가로되… 여호와께서 이스라엘을 너와 함께 블레셋 사람의 손에 붙이시리니 내일 너와 네 아들들이 나와 함께 있으리라 여호와께서 또 이스라엘 군대를 블레셋 사람의 손에 붙이시리라 사울이 갑자기 땅에 온전히 엎드러지니 이는 사무엘의 말을 인하여 심히 두려워함이요 또 그 기력이 진하였으니 이는 그가 종일 종야에 식물을 먹지 못하였음이라"
– 사무엘상 28장 15-20절

둘째로 미래를 알게 되면 믿음이 약화된다.

신앙이란 보이지 않는 것을 믿음으로 받아들이고 행하는 것이다. 미래를 알게 되면 자연히 하나님에 대한 믿음이 약해질 수밖에 없다.

"믿음은 바라는 것들의 실상이요 보지 못하는 것들의 증거니"– 히브리서 11장 1절

이뿐만이 아니다. 우리가 미래를 알게 되면 자유로운 판단에 의한 인격적 성숙의 기회를 상실한다. 미래가 무엇인지

아는데 지금 굳이 어떤 노력을 왜 하겠는가? 기계적인 인간이 되는 것이나 마찬가지다. 미래를 알고자 하는 점성술적인 동기로 하나님의 뜻을 분별하려고 해서는 결코 안 된다.

셋째, 분명한 하나님의 뜻 다섯 가지

성경에는 여러 시대에 걸쳐 다양한 이야기가 많이 기록되어 있다. 시대와 문화적 특성이 다르기 때문에 어떤 이야기는 충분한 이해를 거쳐 해석해야 하는 부분도 분명 있다. 그러나 성경은 근본적으로 세상의 유일한 진리의 말씀이기 때문에 어떤 시대, 어떤 상황에서도 변하지 않고 모든 사람에게 똑같이 적용할 수 있는 분명한 하나님의 뜻이 있다.

성경에 나오는 확고 불변한 하나님의 다섯 가지 뜻이 무엇인지를 배우면 우리 인생에서 하나님의 뜻이 무엇인지를 더욱 쉽게 실행하며 살아갈 수 있다.

(1) 하나님은 우리가 구원받기를 진정으로 원하신다.

주님이 이 땅에 오신 것은 우리를 구원하시기 위해서다. 이것이 예수님이 세상에 오신 절대적인 이유이다. 주님은 모든 사람이 구원받기를 원하신다. 우리가 구원 받는 것은 분명한 하나님의 뜻이다. 구원을 잃지 않는 선택은 그것이 무엇이든지 하나님의 뜻이며 또한 다른 사람이 구원받도록 도움을 줄 수 있는 선택 역시 하나님의 뜻이다.

"미쁘다 모든 사람이 받을만한 이 말이여 그리스도 예수께서 죄인을 구원하시려고 세상에 임하셨다 하였도다 죄인 중에 내가 괴수니라" - 디모데전서 1장 15절

(2) 하나님은 우리가 성령 충만하기를 원하신다.

많은 그리스도인이 성령 충만을 갈망한다. 그러나 단순히 갈망하는 것만으로는 충분치 않다. "성령 충만을 받으려고 노력했지만 어쩔 수가 없네요"라는 핑계는 하나님 앞에서 아무런 소용이 없다. 그리스도인은 성령 충만을 받으려고 노력하는 사람이 아니라 성령 충만을 받음으로 경험하는 사람이 되어야 한다.

주님은 우리에게 성령 충만을 받으라고 분명히 말씀하셨고 성령 충만을 받음으로 성령의 열매를 맺으며 살아가라고 가르치셨다.

"그러므로 어리석은 자가 되지 말고 오직 주의 뜻이 무엇인가 이해하라" - 에베소서 5장 17절

"오직 성령의 열매는 사랑과 희락과 화평과 오래 참음과 자비와 양선과 충성과 온유와 절제니 이같은 것을 금지할 법이 없느니라" - 갈라디아서 5장 22,23절

(3) 하나님은 우리가 기뻐하며 기도하며 감사하며 살아가

기를 원하신다.

하나님이 주신 하루를 기뻐함으로 감당하는 것, 매일 잊지 않고 기도함으로 주님과 교제하는 것, 주신 모든 것에 감사하며 작은 것 하나에도 하나님께 감사와 영광을 돌리는 것, 이 모든 것이 하나님의 뜻을 행하는 삶이다. 죄 사함을 받고 구원받은 우리는 하늘나라의 소망을 가졌다. 이 소망으로 인해 어떤 환경에서도 오직 구원의 하나님이 계시다는 사실로 인해 기뻐할 수 있다.

> "너희는 마음에 근심하지 말라 하나님을 믿으니 또 나를 믿으라 내 아버지 집에 거할 곳이 많도다 그렇지 않으면 너희에게 일렀으리라 내가 너희를 위하여 처소를 예비하러 가노니 가서 너희를 위하여 처소를 예비하면 내가 다시 와서 너희를 내게로 영접하여 나 있는 곳에 너희도 있게 하리라 …내가 곧 길이요 진리요 생명이니 나로 말미암지 않고는 아버지께로 올 자가 없느니라"
> – 요한복음 14장 1–6절

또한 전능하신 하나님이 나와 함께 하시기에 언제든지 믿고 기도할 수 있다.

> "구하는 이마다 얻을 것이요 찾는 이가 찾을 것이요 두드리는 이에게 열릴 것이니라 너희 중에 누가 아들이 떡을 달라 하면 돌을 주며 생선을 달라 하면 뱀을 줄 사람이 있겠느냐 너희가 악한 자라도 좋은 것으로 자식에게 줄줄

알거든 하물며 하늘에 계신 너희 아버지께서 구하는 자에게 좋은 것으로 주시지 않겠느냐"- 마태복음 7장 8-11절

또한 모든 일이 결국은 합력하여 선을 이룰 것을 믿기 때문에 모든 일에 감사드릴 수 있다.

"우리가 알거니와 하나님을 사랑하는 자 곧 그 뜻대로 부르심을 입은 자들에게는 모든 것이 합력하여 선을 이루느니라"- 로마서 8장 28절

하나님의 뜻은 거창하고 거대한 일들만 있지 않다. 매일 주신 삶 속에서 기뻐하며 기도하며 감사드리는 삶 역시 분명한 하나님의 뜻이다.

(4) 하나님은 우리가 거룩하기를 원하신다.

사도 바울은 하나님의 분명한 뜻을 다음과 같이 말했다.

"하나님의 뜻은 이것이니 너희의 거룩함이라…"- 데살로니가전서 4장 3절

사도 바울뿐 아니라 성경은 여러 차례 성도의 거룩함을 강조하며 거룩한 삶을 살아가라고 종용한다. 거룩한 생활을 하지 못하면 하나님의 뜻을 결코 행할 수 없다. 거룩함을 포기한 성도의 삶 자체가 불순종이며, 하나님은 오직 깨끗한 사람만을 사용하신다. 거룩하지 않은 성도는 하나님의 뜻을

알아도 그 뜻을 따를 수 없는, 준비가 안 된 성도나 마찬가지다.

> "오직 너희를 부르신 거룩한 자처럼 너희도 모든 행실에 거룩한 자가 되라"- 베드로전서 1장 15절

(5) 하나님은 우리가 고난을 받더라도 선을 행하기를 원하신다.

잘 되고 축복받는 것은 하나님의 뜻이지만 때론 주님의 뜻을 따라 고난과 환란을 당해야 하는 순간도 있다. 일이 뜻대로 되지 않는다고 해서 하나님의 뜻이 아닌 것은 아니라는 이야기다.

하나님을 통해 받는 축복이 너무 강조되면서 많은 성도들이 일이 뜻대로 되지 않으면 사탄의 방해로만 치부하는 경향이 생기고 있다. 사람은 고난을 당하며 고난을 통한 하나님의 뜻이 있는지 돌아보기보다는 무조건적으로 그 고난에서 벗어나려 애를 쓴다. 성경은 우리의 고난, 특별히 선을 행하다가 받는 고난은 분명한 하나님의 뜻이라고 가르친다.

> "선을 행함으로 고난 받는 것이 하나님의 뜻일찐대 악을 행함으로 고난 받는 것보다 나으니라"- 베드로전서 3장 17절

하나님께 정성껏 첫 열매를 드렸던 아벨은 형 가인에게 맞아 죽는 고난을 당했다. 믿음의 조상 아브라함은 사랑하는

독자 이삭을 하나님께 바칠 뻔한 시련을 겪었다.

정직하고 순결했던 요셉도 감옥에 갇히는 고난을 당했고 하나님의 백성이었던 이스라엘 민족도 애굽과 광야에서 숱한 고난을 당했다. 동방의 의인이었던 욥도 하루아침에 자녀를 모두 잃고 알거지가 되었다. 성실하고 총명했던 하나님의 사람 다니엘도 목숨을 잃을 뻔한 험한 고난을 여러 차례 당했다.

하나님의 백성들이 당하는 고난에는 하나님의 뜻이 있다. 선을 행하다 당하는 고난은 분명한 하나님의 뜻이다. 우리의 고난을 통해 하나님의 일이 세상에 드러나기 때문이다.

넷째, 하나님의 뜻에 대한 여러 가지 견해

우리 삶에 임하는 하나님의 뜻은 이미 성경에 다섯 가지로 분명히 기록되어 있다. 이 다섯 가지 뜻을 마음에 품고 사는 사람이 하나님의 뜻대로 행하는 사람이다. 내가 하고 싶은 일이 정말로 하나님의 뜻인지 궁금할 때는 다른 방법을 찾기 전에 먼저 다음의 질문을 스스로에게 던져보아야 한다.

• 나는 과연 구원을 받은 하나님의 자녀인가?

- 나는 과연 성령 충만한 상태인가?
- 나는 과연 기쁨과 기도와 감사가 가득한 삶을 살고 있는가?
- 나는 과연 거룩한 삶을 살고 있는가?
- 나는 과연 선을 행하다 고난을 당할 때 그 고난조차 하나님의 뜻으로 받아들일 수 있는가?

이 다섯 가지 질문에 거리낌이 없다면 여러 신학자들과 영적 지도자들이 제시한 하나님의 뜻을 구별하는 구체적인 방법들도 큰 도움이 될 수 있다.

(1) 뉴먼 R. 맥라리의 견해

『하나님의 완전하시고 선하신 뜻』의 저자인 맥라리는 하나님의 뜻을 분별하는 방법을 다음과 같이 설명했다.

첫째, 과거의 방법
- 신탁을 통해
- 꿈과 환상을 통해
- 양털 시험을 통해(삿 6:37)
- 제비뽑기를 통해(행 1:23)
- 자연현상을 통해(불기둥과 구름기둥 같은)

둘째, 오늘날의 방법

● 성경을 통해

● 성령의 인도하심을 통해

● 다른 그리스도인들과의 교제를 통해

● 다른 사람의 경험을 통해

● 내적인 통찰을 통해

● 환경의 인도하심을 통해

● 기도를 통해

(2) 히버 J. 그랜트의 견해

『하나님의 뜻』의 저자인 히버 J. 그랜트는 하나님의 뜻을 발견하는데 필요한 요소를 다음과 같이 설명했다.

첫째, 외적인 요소

● 환경

● 상담

● 어떤 일의 결과

우리는 어떤 일의 결과를 통해서도 하나님의 뜻이 무엇이 었는지를 분별할 수 있다.

둘째, 내적인 요소

● 상식

● 강한 충동

- 양심
- 만족감

(3) 조지 스위팅의 견해

무디 신학교 학장이었던 조지 스위팅 박사는 하나님의 뜻을 찾는 길을 다음과 같이 설명했다.

- 개인적인 구원의 사실을 점검하라.
- 삶을 온전히 예수 그리스도께 드리라.
- 거룩한 삶을 살아라.
- 진실되게 하나님의 뜻을 찾으라.
- 하나님의 뜻에 대한 성경 말씀을 연구하라.
- 기도를 통해 하나님과 대화하라.
- 성령의 인도하심에 주의를 기울이라.
- 하나님의 가르침을 평범한 일상생활에서, 영적인 친구들과의 상담에서 찾아라.

(4) 조지 뮬러의 견해

'기도의 아버지'라고 불리는 조지 뮬러가 말한 하나님의 뜻을 발견하는 여섯 가지 단계다.

- 나의 뜻을 비우고 하나님의 뜻을 행하려는 마음을 가져라.
- 나의 감정을 따라 결정하지 말아라.
- 성경을 통해 성령님의 인도하심을 찾으라.
- 상황을 고려하라.

- 기도하라.
- 나의 지식과 능력을 고려해 심사숙고한 뒤 결정하라.

(5) 레슬리 D. 위더헤드의 견해

『하나님의 뜻』의 저자 위더헤드가 말한 하나님의 뜻을 발견하는 요소다.

- 양심
- 상식
- 친구의 충고
- 다른 사람, 혹은 역사적 인물의 지혜와 생각
- 교인들의 의견
- 내적 광명

F.B. 마이어는 "하나님의 말씀과 우리 마음속에서 역사하시는 성령님의 운행, 외적인 환경이 조화를 이룰 때 비로소 우리는 하나님의 뜻에 맞게 행동하고 있다는 확신을 가질 수 있다"라고 말했다.

우리가 정상적인 그리스도인의 생활을 하며 순수한 마음으로 하나님의 뜻을 찾는다면 우리는 틀림없이 하나님의 뜻을 발견할 수 있을 것이다.

결론

하나님의 뜻에 대한 확신이 없는 그리스도인은 하나님을 영화롭게 하는 삶을 살 수 없다. 하나님의 뜻을 모르는 그리스도인의 신앙생활에는 자신감이 없다. 성경에는 여러 가지 하나님의 뜻이 기록되어 있지만 나와 있는 내용을 전부 개인의 삶에 적용할 수는 없다. 일생에 필요한 모든 지침이 성경에 차례차례 나와 있지는 않기 때문이다.

우리는 순간순간 우리의 신앙과 지식 등 여러 가지 방편을 사용해 하나님의 뜻을 온전히 구별해야 한다. 미래에 대한 궁금증이 아닌 순순한 마음의 동기가 있어야 하나님의 뜻을 올바로 구별할 수 있으며 그 뜻을 행하고 순종하기 위하고자 하는 선한 동기가 있어야 한다.

우리의 신앙 상태 역시 중요하다. 말씀과 기도를 통해 늘 주님과 교제하며 성령 충만한 상태에 있어야 하나님의 뜻을 분별하기가 쉽다. 우리 마음의 소원과 우리가 하고 싶은 일에 대한 능력과 환경을 살펴보되, 동역자들과 이웃들의 의견도 참고해야 한다.

결정을 내리기 전에 하고자 하는 일이 하나님께 영광이 되고 이웃에게 덕이 되는 일인가를 반드시 생각하는 일도 무엇보다 중요하다. 무슨 일을 하든지 하나님의 영광을 위해 살

아야 한다. 이것이 우리 모든 그리스도인을 향한 하나님의
뜻이시다.

5. 느헤미야의 순종의 삶

"…그 때에는 내가 예루살렘에 있지 아니하였었느니라 바벨론 왕 아닥사스다 삼십 이년에 내가 왕에게 나아갔다가 며칠 후에 왕에게 말미를 청하고 예루살렘에 이르러서야 엘리아십이 도비야를 위하여 하나님의 전 뜰에 방을 갖춘 악한 일을 안지라 내가 심히 근심하여 …내가 이와 같이 저희로 이방 사람을 떠나게 하여 깨끗하게 하고 또 제사장과 레위 사람의 반열을 세워 각각 그 일을 맡게 하고 또 정한 기한에 나무와 처음 익은 것을 드리게 하였사오니 내 하나님이여 나를 기억하사 복을 주옵소서" - 느헤미야 13장 1–31절

서론

오래전 한국의 결혼 적령기 여성들을 대상으로 결혼 상대의 희망 직업을 조사한 결과 순서가 다음과 같았다.

① 의사 ② 법조인 ③ 사업가 ④ 교수…

목사는 20번째로 이발사 다음으로 거의 꼴찌였다.

몇 년 후 다시 비슷한 내용으로 조사를 했는데 이번에는 순위가 다음과 같았다.

① 의사 ② 변호사 ③ 목사 ④ 사업가 ⑤ 공무원…

그때는 목사의 순위가 사업가보다 높았다.

한국 교회가 부흥하고 교인들이 많아지다 보니 목사라는 직업에 대해 긍정적인 시선을 갖게 된 영향일 수도 있겠지만 한편으로는 다른 생각이 들기도 했다.

'사업가를 제칠 정도로 교회가 날로 대형화되고 재벌화되고 있는 것은 아닌가? 교회가 영혼을 살리는 것보다 외형을 키우고 몸집을 불리는데 혈안이 되어 있는 것은 아닌가?'라는 생각이 들었다.

그런데 그 염려가 현실화되었다.

단순한 설문조사지만 심각하게 받아들이면 오늘날 교회가 하나님의 말씀에 순종하며 주님이 인도하시는 길을 따라 걷고 있지 않다고 볼 수도 있기 때문이다.

『어떤 사람이 인터넷에 올린 '교회에 가지 않는 10가지 이유'다.

01. 목사가 나에게 관심이 없다.

02. 교인들이 불친절하다.

03. 헌금 이야기를 너무 자주 한다.

04. 현실적으로 불가능한 이야기를 가르친다.

05. 여자 비율이 너무 높아 남자가 가기 꺼려진다.

06. 예배가 너무 지루하다.

07. 교인 중에도 성품이 나쁜 사람이 많다.

08. 찬송가와 복음성가가 취향에 안 맞는다.

09. 일요일은 푹 쉬고 싶다.

10. 교역자와 리더의 인격적인 결함을 너무 많이 봤다.』

한 개인의 의견이고, 교회마다 다를 수 있기에 맞는 말도 있고, 맞지 않는 말도 있을 것이다. 그러나 교회를 다니는 사람이라 해도 위의 10가지 내용 중 몇 가지 정도는 고개를 끄덕이며 수긍할 것이다. 오늘날 한국 교회가 빠져 있는 무사안일주의와 물질 만능주의에서 빨리 빠져나와야 한다는 신호다. 자기를 높이기보다는 사람들을 위해 희생하고 근검, 절약하며 정직과 신뢰의 상징이 되는 교회와 교인으로 다시 돌아가야 한다.

오늘 본문에는 포로 생활을 거듭한 나머지 황폐해지고 문화가 사라진 이스라엘 민족이 나온다. 솔로몬의 영광이 비치던 찬란하고 거룩한 성전이 쓰러져 폐허가 됐을 때, 하나님의 사람 느헤미야가 일어나 모든 것을 회복시켰다. 느헤미야가 이 놀라운 일을 할 수 있었던 것은 오직 순종 때문이었다. 본문의 말씀을 통해 기적을 일으킨 느헤미야의 순종의 삶을 살펴보자.

첫째, 성전을 깨끗이 했다(4-9절).

구약 시대의 성전은 하나님이 거하시는 터이자 하나님과 이스라엘 백성들이 만나는 거룩한 교제의 장소였다. 이스라엘 백성들은 성전을 항상 거룩하게 보존했으며 어디에서 생활하든지 주님이 거하시는 성전을 사모하며 생활했다. 성전이 파괴되고, 하나님을 모시는 성전에서 오히려 우상들을 위한 제물이 드려지던 상황은 이스라엘 백성에게 무엇보다 큰 저주이자 아픔이었다. 포로생활에서 돌아온 이스라엘 백성들과 성벽을 재건한 느헤미야는 다른 무엇보다 우선적으로 하나님의 집인 성전을 깨끗하게 만들었다.

(1) 성전은 기도하는 집이다.

> "저에게 이르시되 네가 내 앞에서 기도하며 간구함을 내가 들었은즉 내가 너의 건축한 이 전을 거룩하게 구별하여 나의 이름을 영영히 그곳에 두며 나의 눈과 나의 마음이 항상 거기 있으리니" - 열왕기상 9장 3절

솔로몬 성전을 완공한 후 이스라엘 백성들은 가장 먼저 하나님께 간절히 기도했다. 주님은 하나님의 집인 성전은 만민이 기도하는 집이라고 말씀하셨다(막 11:17). 예수님은 사실상 기도하실 필요가 없는 분이셨다. 그럼에도 예수님은 누구보다 많이 기도하셨고, 기도를 가르치셨고, 기도하라고 강조하셨다.

> "구하라 그러면 너희에게 주실 것이요 찾으라 그러면 찾을 것이요 문을 두드리라 그러면 너희에게 열릴 것이니" - 마태복음 7장 7절

상하고 병든 사람이 주님께 나아와 기도할 때 하나님은 그의 상처를 싸매 주시고 건강하게 회복시켜 주신다. 헐벗은 사람이 주님께 기도할 때 하나님은 능력의 손으로 필요를 채우시며 구원해 주신다. 죄짐에 눌려 힘들어하는 사람이 회개할 때 하나님은 그의 죄를 사하시고 평안한 마음을 허락해 주신다. 기도는 인생의 모든 문제를 해결하고 하나님의 놀라운 축복을 구하는 유일한 방법이다.

우리는 모든 필요와 고민을 하나님께 기도로 고하며 구해야 한다. 기도할 수 있는 모든 예배 시간에 참석해 간절히 기도해야 한다. 사정이 안 된다면 개인적으로 시간을 내서라도 기도를 쉬는 죄를 짓지 말아야 한다. 기도를 하는 곳이 곧 하나님이 계신 성전이다.

(2) 성전은 하나님이 임재하시는 장소다.

"제사장이 성소에서 나올 때에 구름이 여호와의 전에 가득하매 제사장이 그 구름으로 인하여 능히 서서 섬기지 못하였으니 이는 여호와의 영광이 여호와의 전에 가득함이었더라"- 열왕기상 8장 10,11절

솔로몬이 성전을 완공했을 때 성전 안에는 하나님의 영광이 가득했다. 성전의 의미는 하나님의 임재에 있다. 이스라엘 백성들은 성전이 완성될 때마다 하나님이 성전에 머물러

달라고 간구했다. 구약 시대에는 성전이 하나님의 영광으로 가득 차는 것으로 하나님의 임재를 확인할 수 있었다.

신약에 들어서는 성도가 곧 성전의 역할을 맡게 됐다.

하나님은 성도들이 주님의 이름으로 모인 곳에 함께 하시겠다고 약속하셨으며 영원토록 우리와 함께 계시겠다고 약속하셨다. 하나님이 거하는 곳이 곧 성전이며 지금 시대에는 하나님을 믿는 성도들이 모이는 곳에 하나님이 임재하신다.

> "두 세 사람이 내 이름으로 모인 곳에는 나도 그들 중에 있느니라"-마태복음 18장 20절

느헤미야가 성전을 먼저 깨끗하게 치웠듯이 우리의 모임이 성전이 되기 위해서는 하나님을 모실 수 있도록 마음을 정결하게 해야 하며 또한 모이기를 힘써야 한다.

> "서로 돌아보아 사랑과 선행을 격려하며 모이기를 폐하는 어떤 사람들의 습관과 같이 하지 말고 오직 권하여 그 날이 가까움을 볼수록 더욱 그리하자"-히브리서 10장 24,25절

(3) 성전은 거룩한 사역의 장소다.

> "예수께서 성전에 들어가사 성전 안에서 매매하는 모든 자를 내어쫓으시며 돈 바꾸는 자들의 상과 비둘기 파는 자들의 의자를 둘러 엎으시고 저희에게 이르시되 기록된바 내 집은 기도하는 집이라 일컬음을 받으리라 하였거늘 너희는 강도의 굴혈을 만드는도다 하시니라"-마태

성전은 하나님을 예배하고 섬기는 거룩하고 깨끗한 장소
다. 성전을 장사나 사교의 장소로 삼아서는 안 되며, 부정을
모의하는 곳이 돼서는 더더욱 안 된다. 자비의 주님이시지만
성전을 성전답게 지키지 못하는 이스라엘 백성들에게는 그
어느 때보다 무서운 진노를 쏟으셨다.

사도 바울도 성전인 우리에 대한 정결함을 강조했다. 느헤
미야가 다른 무엇보다 성전을 우선적으로 정리하고 깨끗하
게 했듯이 우리도 주님의 성전인 몸과 마음을 다른 무엇보다
거룩하게 관리해야 한다.

> "누구든지 하나님의 성전을 더럽히면 하나님이 그 사람
> 을 멸하시리라 하나님의 성전은 거룩하니 너희도 그러
> 하니라"– 고린도전서 3장 17절

둘째, 십일조를 드렸다(10-14절).

> "…내가 모든 민장을 꾸짖어 이르기를 하나님의 전이
> 어찌하여 버린바 되었느냐 하고 곧 레위 사람을 불러 모
> 아 다시 그 처소에 세웠더니 …이에 온 유다가 곡식과
> 새 포도주와 기름의 십일조를 가져다가 곳간에 들이므

로"- 느헤미야 13장 10-12절

십일조는 오늘날 많은 성도들의 뜨거운 감자다. 율법과 의식들이 폐기된 오늘날에도 굳이 십일조를 드려야 하는가의 문제로 많은 논란이 있다. 예전에는 어떤 상황에서도 십일조를 드리는 것이 올바른 신앙의 척도로 여겨졌지만 요즘은 이 문제로 고민하는 성도들이 점점 많아지고 있다.

십일조 봉투를 없앤 교회도 있는가 하면 여전히 십일조를 중요히 여기는 교회들도 많다. 십일조는 무조건 드려야 하는 것일까? 또한 어떤 의도를 가지던 상관없이 정확히 10분의 1을 드리기만 하면 괜찮은 것일까? 십일조는 무엇이며 하나님께 어떻게 드려야 하는지 성경의 가르침을 통해 살펴보자.

(1) 율법 이전 시대의 십일조

"아브람이 그돌라오멜과 그와 함께한 왕들을 파하고 돌아올 때에… 살렘왕 멜기세덱이 떡과 포도주를 가지고 나왔으니 그는 지극히 높으신 하나님의 제사장이었더라 …아브람이 그 얻은 것에서 십분 일을 멜기세덱에게 주었더라"- 창세기 14장 17-20절

율법이 주어지기 이전부터 십일조는 실행되고 있었다. 아브라함은 평강의 왕 멜기세덱에게 십일조를 드렸고, 야곱은

하나님께 감사하는 마음으로 스스로 십일조를 서원했다(창 28:22). 이 사실만 보더라도 십일조는 율법이 주어지기 이전부터 실행되고 있었음을 알 수 있다.

(2) 율법 시대의 십일조

"내가 이스라엘의 십일조를 레위 자손에게 기업으로 다 주어서 그들의 하는 일 곧 회막에서 하는 일을 갚나니 이 후로는 이스라엘 자손이 회막에 가까이 말 것이라 죄를 당하여 죽을까 하노라" – 민수기 18장 21,22절

이미 드리고 있었던 십일조지만 하나님은 율법을 통해 모든 이스라엘 백성에게 십일조를 드리라고 명령하셨다. 이스라엘 백성들이 드리던 십일조는 단순히 소득의 10분의 1이 아니었다. 이스라엘 백성들은 하나님을 경배하기 위한 목적의 회식의 십일조도 드렸으며 구제를 위한 십일조까지 3년에 한 번씩 냈다.

"오직 너희 하나님 여호와께서 자기 이름을 두시려고 너희 모든 지파 중에서 택하신 곳인 그 거하실 곳으로 찾아 나아가서 너희 번제와 너희 희생과 너희의 십일조와 너희 손의 거제와 너희 서원제와 낙헌 예물과 너희 우양의 처음 낳은 것들을 너희는 그리로 가져다가 드리고" – 신명기 12장 5,6절

"매 삼년 끝에 그 해 소산의 십분 일을 다 내어 네 성읍

에 저축하여 너의 중에 분깃이나 기업이 없는 레위인과 네 성중에 우거하는 객과 및 고아와 과부들로 와서 먹어 배부르게 하라 그리하면 네 하나님 여호와께서 너의 손으로 하는 범사에 네게 복을 주시리라" – 신명기 14장 28,29절

구약 시대에는 우리가 생각하는 십일조 외에도 더 많은 십일조가 있었다. 구약 시대 때 하나님은 모든 이스라엘 백성에게 십일조를 명령하셨으며 또한 십일조를 드리는 사람에게 베풀 큰 축복도 약속하셨다.

"만군의 여호와가 이르노라 너희의 온전한 십일조를 창고에 들여 나의 집에 양식이 있게 하고 그것으로 나를 시험하여 내가 하늘 문을 열고 너희에게 복을 쌓을 곳이 없도록 붓지 아니하나 보라" – 말라기 3장 10절

구약 시대에 십일조를 드리지 않는 것은 큰 범죄였다(말 3:8). 이스라엘 백성들은 하나님의 저주와 처벌을 피하기 위해 십일조를 철저히 드렸다. 그러나 주님이 이 땅에 오신 이후로 십일조에는 큰 변화가 일어났다.

(3) 신약 시대의 십일조

"화 있을찐저 외식하는 서기관들과 바리새인들이여 너희가 박하와 회향과 근채의 십일조를 드리되 율법의 더 중한바 의와 인과 신은 버렸도다 그러나 이것도 행하고

저것도 버리지 말아야 할찌니라" – 마태복음 23장 23절

요즘 사람의 생각과 달리 예수님은 여전히 십일조를 인정하시며 오히려 십일조를 성실하게 드리라고 당부하셨다. 히브리서 기자 역시 십일조를 언급하며 신약 시대에도 여전히 십일조는 신앙의 중요한 요소임을 언급했다.

"이 사람의 어떻게 높은 것을 생각하라 조상 아브라함이 노략물 중 좋은 것으로 십분의 일을 저에게 주었느니라 레위의 아들들 가운데 제사장의 직분을 받는 자들이 율법을 좇아 아브라함의 허리에서 난 자라도 자기 형제인 백성에게서 십분의 일을 취하라는 명령을 가졌으나 레위 족보에 들지 아니한 멜기세덱은 아브라함에게서 십분의 일을 취하고 그 약속 얻은 자를 위하여 복을 빌었나니" – 히브리서 7장 4-6절

논란의 여지없이 십일조는 구약뿐 아니라 신약에서도 당연히 드려야 할 성도의 의무라고 기록되어 있다. 하나님과 예수님, 초대 교회의 리더들은 하나같이 십일조를 강조했다. 부족함이 없으시고 모든 것을 아시는 하나님은 도대체 왜 우리의 물질을 원하시는가? 십일조에는 단순한 헌금을 넘어서는 더 깊은 의미가 있다.

(4) 십일조의 목적

십일조에는 크게 세 가지 목적이 있다.

① 하나님을 최우선으로 여기며 살아가게 하기 위해서다.

"너희는 먼저 그의 나라와 그의 의를 구하라 그리하면 이 모든 것을 너희에게 더하시리라"– 마태복음 6장 33절

② 우리가 하나님의 소유라는 사실을 인정하게 만들기 위해서다.

"야곱아 너를 창조하신 여호와께서 이제 말씀하시느니라 이스라엘아 너를 조성하신 자가 이제 말씀하시느니라 너는 두려워 말라 내가 너를 구속하였고 내가 너를 지명하여 불렀나니 너는 내 것이라"– 이사야 43장 1절

③ 하나님을 경배하며 살아가게 하기 위해서다.

"할렐루야, 여호와를 경외하며 그 계명을 크게 즐거워하는 자는 복이 있도다"– 시편 112편 1절

십일조는 단순한 헌금이 아니라 이처럼 중요한 목적이 내재된 믿음의 표현 방식이다. 마음을 다하여 하나님께 정성껏 십일조를 드리고 있는지 우리는 돌아보며 반성해야 한다. 모든 것을 주신 하나님께 물질이 아까워 다른 생각을 품고 있다면 진정한 그리스도인이라 할 수 없다.

느헤미야는 하나님의 성전을 가장 먼저 중요하게 여겨 깨

끗하게 한 다음으로 십일조를 회복시켜 다시 정성껏 하나님께 드렸다.

셋째, 안식일을 준수했다(15-22절).

구약 시대의 이스라엘 백성들은 반드시 안식일을 지켜야 했다. 하나님의 명령이었기 때문이다. 하나님은 엿새 동안 힘써 일하고 안식일에는 아무 일도 하지 말라고 명령하셨다(출 20:9). 이 말씀을 문자 그대로 받아들인 이스라엘 백성들은 금요일이 되면 안식일에 필요한 모든 것을 예비하고 안식일에는 말 그대로 철저히 아무 일도 하지 않았다.

안식일에는 노예와 가축도 쉬었으며(출 20:10), 물건을 사고 팔지도 않았다(느 13:15-17). 짐도 운반하지 않았으며(렘 17:21), 추수도 하지 않았다(출 34:21). 안식일은 철저히 지켜야 하는 하나님의 명령이었기에 이 규례를 지키지 않은 사람은 하나님께 죽임을 당했다.

"이스라엘 자손이 광야에 거할 때에 안식일에 어떤 사람이 나무하는 것을 발견한지라 그 나무하는 자를 발견한 자들이 그를 모세와 아론과 온 회중의 앞으로 끌어 왔으나 어떻게 처치할는지 지시하심을 받지 못한 고로 가두었더니 여호와께서 모세에게 이르시되 그 사람을

반드시 죽일찌니 온 회중이 진 밖에서 돌로 그를 칠찌니라"- 민수기 15장 32-35절

안식일은 일주일 중 하루를 구별한다는 거룩과 성별의 의미가 있었다. 안식일은 하나님과 교제하는 날이었고 무엇보다 하나님이 안식일을 지키라는 계명을 주셨기 때문에 이스라엘 백성들에게는 안식일의 준수가 무엇보다 중요했다.

계명을 따라 안식일을 지킬 때는 축복이, 어길 때는 저주가 내려왔기 때문이다.

오늘날 우리는 십일조와 더불어 하나님의 날인 주일을 거룩하게 지키고 있는지 돌아봐야 한다. 느헤미야가 하나님의 성전을 깨끗하게 하고 십일조를 드린 뒤에 거룩하게 안식일을 준행한 것처럼 우리도 열과 성을 다해 성심껏 주님의 날을 지켜야 한다.

넷째, 부패를 척결했다(23-31절).

느헤미야는 백성들의 신앙과 삶을 지키기 위해 특단의 조치로 이방인과의 혼인을 금지했다. 기독교는 인종차별을 하지 않는다. 다만 당시 이스라엘 백성들은 이방인과의 결혼으로 신앙을 져버리고 타락할 만큼 믿음이 연약했기에 이 문제

들을 해결하기 위해 취한 느헤미야의 특단의 조치였다. 지혜가 뛰어나고 하나님을 의지했던 많은 성경 속 인물들도 이방인과의 결혼으로 하나님을 떠났다.

(1) 이방 여인과 결혼한 아합

"아합이 엘리야의 무릇 행한 일과 그가 어떻게 모든 선지자를 칼로 죽인 것을 이세벨에게 고하니 이세벨이 사자를 엘리야에게 보내어 이르되 내가 내일 이맘때에는 정녕 네 생명으로 저 사람들 중 한 사람의 생명 같게 하리라 아니하면 신들이 내게 벌 위에 벌을 내림이 마땅하니라 한지라"– 열왕기상 19장 1,2절

(2) 이방 여인과 결혼한 솔로몬

"솔로몬왕이 바로의 딸 외에 이방의 많은 여인을 사랑하였으니 곧 모압과 암몬과 에돔과 시돈과 헷 여인이라 여호와께서 일찌기 이 여러 국민에게 대하여 이스라엘 자손에게 말씀하시기를 너희는 저희와 서로 통하지 말며 저희도 너희와 서로 통하게 말라 저희가 정녕코 너희의 마음을 돌이켜 저희의 신들을 좇게 하리라 하셨으나 솔로몬이 저희를 연애하였더라 왕은 후비가 칠백인이요 빈장이 삼백인이라 왕비들이 왕의 마음을 돌이켰더라 솔로몬의 나이 늙을 때에 왕비들이 그 마음을 돌이켜 다른 신들을 좇게 하였으므로 왕의 마음이 그 부친 다윗

의 마음과 같지 아니하여 그 하나님 여호와 앞에 온전치
못하였으니"– 열왕기상 11장 1–4절

(3) 이방인과의 결혼을 금지한 사도 바울

"너희는 믿지 않는 자와 멍에를 같이 하지 말라 의와 불
법이 어찌 함께하며 빛과 어두움이 어찌 사귀며"– 고린도후
서 6장 14절

신앙을 지키고 하나님의 말씀에 순종하기 위해 느헤미야
는 이방인과의 결혼을 금지했다. 그뿐만 아니라 모든 부패를
몰아내고 금지시켰다. 하나님의 축복을 받고 쓰임 받기 위해
서는 먼저 정욕을 버리고 몸과 마음을 깨끗하게 유지해야 하
기 때문이다.

느헤미야가 하나님의 성전을 치우고, 십일조를 회복하고,
안식일을 지켰듯이 하나님의 성전인 우리도 동일한 노력으
로 거룩한 삶을 가꿔야 한다. 하나님은 깨끗하지 않은 사람
을 결코 사용하지 않으시기 때문에 우리는 회개함으로 죄 사
함을 받고 정욕을 내려놓고 말씀으로 마음을 가득 채워야
한다.

"큰 집에는 금과 은의 그릇이 있을뿐 아니요 나무와 질
그릇도 있어 귀히 쓰는 것도 있고 천히 쓰는 것도 있나니

그러므로 누구든지 이런 것에서 자기를 깨끗하게 하면 귀히 쓰는 그릇이 되어 거룩하고 주인의 쓰심에 합당하며 모든 선한 일에 예비함이 되리라 또한 네가 청년의 정욕을 피하고 주를 깨끗한 마음으로 부르는 자들과 함께 의와 믿음과 사랑과 화평을 좇으라" – 디모데후서 2장 20–22절

결론

기술과 과학은 점점 진보하고 있으며 사람들의 생활수준도 세계적으로 비약적인 상승을 거듭하고 있다. 그럼에도 우리 사회는 날로 부패하며 타락해가고 있다. 물질은 풍요로워질지 모르지만 마음이 공허해져 자살률과 정신과를 찾는 사람은 점점 많아지고 있으며, 다양한 진리를 인정하고 포용하라고 하지만 그 어느 때보다 많은 사람들이 대립하며 큰 갈등을 유발하고 있다.

이런 사회의 영향으로 심지어 교회와 그리스도인까지 거룩한 삶을 유지하지 못하고 믿음이 흔들리며 영적으로 침체되고 있다. 무너진 성벽을 재건한 뒤 성전을 회복시키며 이스라엘 백성들을 다시 하나님 앞으로 불러냈던 느헤미야의 순종이 다시 필요한 시대가 온 것이다.

느헤미야는 하나님께 네 가지를 순종했다.

(1) 성전을 깨끗이 치워 하나님이 임재하시며, 만민이 기도하고, 모든 사람이 주님을 섬기는데 열중하는 거룩한 터로 만들었다.

(2) 성도의 분명한 책무인 십일조를 드렸다.

(3) 안식일을 거룩하게 준행했다.

(4) 당시 만연한 이방인과의 결혼을 금지하고 모든 사회적인 부패를 척결했다.

느헤미야의 순종을 이제 우리가 본받아야 할 차례이다.

신앙을 우리 삶의 최우선으로 놓고 하나님의 말씀을 따라 믿음을 회복하자. 하나님의 전인 우리의 몸과 삶, 교회를 거룩하게 구별하며, 온전한 십일조를 드리며, 주일을 거룩하게 지키며, 사회적인 부패를 멀리할 때 하나님은 다시 한번 우리의 신앙을 회복시키시고, 이 땅에 뜨거운 부흥의 불길을 일으키실 것이다.

3

순종에 대한
성경공부

1. 순종의 생활

1. 순종의 의미

(1) 순종이 무엇이라고 생각하는가?

(2) 순종의 정의에 대한 생각을 적어보자.

순종이란 "말하는 사람에게 귀와 마음을 열어 경청한다"라는 의미다. 다른 사람의 말에 대한 실제적인 응답이 본래 순종의 뜻이다. 하나님께 순종한다는 것은 하나님의 통치 아래 맡기는 것이며, 하나님의 말씀을 기꺼이 이행한다는 뜻이다.

다음 성경 구절에서 순종의 의미가 무엇인지 찾아보자.
● 출애굽기 19장 5절

● 신명기 5장 10절

● 여호수아 22장 2절

● 예레미야 7장 23절

모든 그리스도인이 믿고 따라야 할 순종의 기준은 무엇인가?
  ● 요한복음 14장 21절

  ● 디모데후서 3장 16,17절

우리가 믿고 따라야 할 순종의 기준은 하나님의 말씀인 성경이다. 교회의 모든 예배와 의식, 설교 말씀은 성경에 입각한 것이어야 하며 우리의 신앙과 순종 역시 성경에 근거해야 한다.

2. 순종의 대상

그리스도인이 순종해야 할 대상을 제시해 보자.
모든 그리스도인은 마땅히 하나님과 하나님의 말씀인 성경에 순종해야 한다. 성경은 우리가 순종해야 할 구체적인 대상을 가르쳐주고 있다.
우리가 순종해야 할 구체적인 대상이 누구인지 다음 성경 구절을 찾아보자.
  ● 사도행전 5장 29절

- 요한복음 14장 21절

- 에베소서 6장 1절

- 에베소서 6장 5절

- 디도서 3장 1절

- 히브리서 13장 17절

모든 그리스도인은 부모와 남편, 직장 상사와 국가, 교회의 권위에 순종해야 한다. 그러나 하나님의 권위와 상반될 때는 그 어떤 권위라 하더라도 우선적으로 하나님의 권위를 따라야 한다. 우리의 궁극적이고 절대적인 순종의 대상은 오직 하나님이시기 때문이다.

3. 순종의 결과

순종의 결과가 무엇인지 다음의 성경 구절을 찾아보자.
- 요한복음 14장 21절

- 마태복음 7장 24절

● 여호수아 1장 8절

● 베드로전서 1장 22절

● 열왕기상 3장 14절

● 신명기 5장 29절

하나님께 순종함으로 받은 축복이 있다면 함께 나누어
보자.

4. 순종의 자세

하나님은 우리의 행동 못지않게 우리의 마음을 중요하게
생각하신다. 성경은 우리가 어떤 자세로 순종해야 한다고 가
르치는가?

● 신명기 26장 16절

● 로마서 6장 17절

그리스도인의 순종은 크게 두 가지 유형으로 구별할 수
있다.

하나는 '의무적으로 순종하는 경우', 다른 하나는 '기쁨으로 순종하는 경우'다. 하나님의 말씀은 의무적으로라도 순종해야 한다. 그러나 한 발 더 나아가 기쁨으로 순종한다면 하나님께 더 큰 영광이 되며 우리에게도 더 큰 유익으로 돌아온다.

우리는 의무감에 의해 순종하는가? 아니면 주님을 정말로 사랑하여 기쁨으로 순종하는가? 왜 그런지 그 이유에 대해 솔직히 나누어보자.

5. 순종의 본을 보인 믿음의 선배들

다음 성경 구절을 찾아 누가, 어떤 일에, 어떻게 순종하며, 어떤 축복을 받았는지 살펴보자.

● 창세기 6장 22절, 7장 5절

● 히브리서 11장 7,8절

● 민수기 32장 12절

● 열왕기상 15장 5절

● 누가복음 1장 26-38절

- 누가복음 5장 1-11절

- 요한복음 2장 1-11절

- 갈라디아서 1장 16,17절

6. 순종하는 방법

하나님께 순종해야 하는 이유는 무엇인지 찾아보자.
- 로마서 1장 19-21절

- 예레미야 18장 6절

주님은 우리에게 어떤 순종의 본을 보여주셨는가?
- 빌립보서 2장 5-8절

순종에는 때때로 큰 희생이 따른다. 예수님은 목숨을 희생하시면서까지 하나님께 순종하셨다. 희생을 아까워하는 사람은 주님을 기쁘시게 할 수 없다. 온전한 순종의 삶을 사신 주님은 무엇을 통해 순종을 배우셨나?
- 히브리서 5장 8절

고난 중에도 하나님께 순종한 경험이 있다면 함께 나누어 보자.

우리가 오로지 하나님께만 순종해야 하는 이유는 무엇인가?

● 요한1서 2장 15-17절

적용

1. 하나님께 순종한다는 것은 우리 자신을 하나님의 통치 아래 맡기는 것이며 하나님의 말씀을 기꺼이 이행하는 것이다.
   우리가 가장 순종하기 힘든 일은 어떤 일인가?

2. 하나님과 하나님의 말씀인 성경에 우리는 마땅히 순종해야 한다. 성경은 보다 구체적으로 순종의 대상을 가르쳐주고 있다. 오늘 공부한 순종의 대상 중에서 대체적으로 순종하고 있는 대상과 그렇지 않은 대상을 분류해보자.
   ● 순종하고 있는 대상

   ● 순종하고 있지 않은 대상

3. 순종은 여러 가지 결과로 나타난다. 그중에서 가장 큰 순종의 결과는 하나님의 사랑을 경험하며 주님의 능력이 우리의 삶에 임재하는

것이다. 하나님께 순종함으로 누린 축복이 있다면 생각나는 대로
적어보자.

4. 순종의 행동 못지않게 순종하는 마음의 자세도 대단히 중요하다.
   하나님은 우리가 마음과 뜻을 다하여 정성껏 순종하기를 원하신다.
   당신의 순종의 자세는 기쁨에 의한 자발적인 순종인가? 아니면 의
   무감에 의한 수동적인 순종인가?

5. 성경에는 순종의 본을 보인 믿음의 선배들이 많이 등장한다. 오늘
   공부한 인물 가운데 어떤 인물이 우리에게 가장 큰 도전을 줬는가?
   그 이유는 무엇인가?

6. 온전한 순종의 삶을 살기 위해서는 하나님과 우리의 관계를 깊이
   묵상해야 한다. 하나님은 우리의 창조주이며 구원자라는 사실만으
   로 응당 우리는 주님께 순종해야 한다. 주님은 고난 가운데서도 우
   리를 포기하지 않고 끝까지 구원의 사명을 완수하셨다.
   이 놀라운 사랑과 희생으로 인해 우리는 오로지 주님께 순종해야만
   한다. 세상의 모든 것은 변하지만 하나님의 뜻은 결코 변하지 않는
   영원한 것이기 때문에 영원한 하늘나라를 향해 가는 우리들은 다른
   무엇보다 하나님께 순종해야 한다.
   오늘 공부를 통해 하나님이 우리에게 순종하라고 주신 말씀이 있
   다면 도전해보자. 그 말씀을 노트에 적고 그 뜻에 정말로 순종할 수
   있도록 잠깐이라도 기도하자.

2. 하나님의 부르심에 순종한 사람들

1. 아브라함의 순종

"여호와께서 아브람에게 이르시되 너는 너의 본토 친척 아비 집을 떠나 내가 네게 지시할 땅으로 가라 내가 너로 큰 민족을 이루고 네게 복을 주어 네 이름을 창대케 하리니 너는 복의 근원이 될찌라 너를 축복하는 자에게는 내가 복을 내리고 너를 저주하는 자에게는 내가 저주하리니 땅의 모든 족속이 너를 인하여 복을 얻을 것이니라 하신지라 이에 아브람이 여호와의 말씀을 좇아 갔고 롯도 그와 함께 갔으며 아브람이 하란을 떠날 때에 그 나이 칠십 오세였더라" - 창세기 12장 1~4절

(1) 하나님께서 아브라함에게 어떤 명령을 하셨는가?(1절)

하나님의 명령을 받기 전 아브라함은 어떤 생활을 했는가?

"데라의 후예는 이러하니라 데라는 아브람과 나홀과 하란을 낳았고 하란은 롯을 낳았으며 하란은 그 아비 데라보다 먼저 본토 갈대아 우르에서 죽었더라 아브람과 나홀이 장가 들었으니 아브람의 아내 이름은 사래며 나홀

의 아내 이름은 밀가니 하란의 딸이요 하란은 밀가의 아비며 또 이스가의 아비더라 사래는 잉태하지 못하므로 자식이 없었더라 데라가 그 아들 아브람과 하란의 아들 그 손자 롯과 그 자부 아브람의 아내 사래를 데리고 갈대아 우르에서 떠나 가나안 땅으로 가고자 하더니 하란에 이르러 거기 거하였으며 데라는 이백 오세를 향수하고 하란에서 죽었더라" - 창세기 11장 27-32절

하나님의 명령을 받기 전 아브라함은 그의 가족들과 극히 평범한 삶을 살고 있었다. 만약 하나님께서 지금 우리에게 아브라함에게 내리신 명령과 똑같은 명령을 내린다면 어떻게 응답하겠는가?

(2) 하나님께서 아브라함을 부르신 목적은 무엇인가?(2절)

하나님의 부르심에는 항상 특별한 뜻과 목적이 있다. 그러나 하나님이 부르심을 주신 때와, 그 목적을 항상 이해할 수 있는 것은 아니다. 하나님의 부르심에 순종하기 위해서는 대부분 이해보다 믿음이 더욱 필요하다.

2절을 다시 한번 읽어보자. 아브라함이 하나님의 부르심의 뜻을 이해하고 순종했다고 생각하는가?

"믿음은 바라는 것들의 실상이요 보지 못하는 것들의 증거니" - 히브리서 11장 1절

"이는 우리가 믿음으로 행하고 보는 것으로 하지 아니함이로라" – 고린도후서 5장 7절

(3) 아브라함은 하나님의 부르심에 어떻게 반응했는가?(4절)

성경은 아브라함이 무엇으로 순종했다고 기록했는가?

"믿음으로 아브라함은 부르심을 받았을 때에 순종하여 장래 기업으로 받을 땅에 나갈쌔 갈 바를 알지 못하고 나갔으며" – 히브리서 11장 8절

순종하기 원하는 모든 그리스도인은 어떤 사실을 믿어야 하는가?

"믿음이 없이는 기쁘시게 못하나니 하나님께 나아가는 자는 반드시 그가 계신 것과 또한 그가 자기를 찾는 자들에게 상 주시는 이심을 믿어야 할찌니라" – 히브리서 11장 6절

순종은 하나님을 향한 사랑의 표현이자 믿음의 표현이다.

아브라함은 몇 살 때 하나님의 부르심을 받았는가?(4절)

하나님의 부르심을 언제 받았느냐는 별로 중요하지 않다. 부르심의 때는 하나님의 주권에 달려 있다. 중요한 것은 하나님의 부르심이 임할 때 우리의 응답이다.

아브라함을 부르신 하나님은 그에게 어떤 축복을 약속하셨는가?(2,3절)

우리가 주님을 위해 아무리 많은 것을 포기한다 해도 우리가 주님께 받은 은혜를 결코 다 갚을 수 없다는 사실을 기억해야 한다. 바울은 우리에게 어떤 사실을 확신시켜 주었는가?

"생각건대 현재의 고난은 장차 우리에게 나타날 영광과 족히 비교할 수 없도다" – 로마서 8장 18절

2. 베드로와 안드레, 야고보와 요한의 순종

"갈릴리 해변에 다니시다가 두 형제 곧 베드로라 하는 시몬과 그 형제 안드레가 바다에 그물 던지는 것을 보시니 저희는 어부라 말씀하시되 나를 따라 오너라 내가 너희로 사람을 낚는 어부가 되게 하리라 하시니 저희가 곧 그물을 버려 두고 예수를 좇으니라 거기서 더 가시다가 다른 두 형제 곧 세베대의 아들 야고보와 그 형제 요한이 그 부친 세베대와 한가지로 배에서 그물 깁는 것을 보시고 부르시니 저희가 곧 배와 부친을 버려두고 예수를 좇으니라" – 마태복음 4장 18–22절

(1) 베드로와 안드레, 야고보와 요한이 무엇을 하고 있을 때 주님이 부르셨는가?(18,21절)

하나님은 아무리 작은 일이라도 맡겨진 일에 충실한 삶을 살고 있는 사람을 부르신다. 허황된 높은 꿈만 품고 불평으로 현실을 소홀히 하는 사람을 하나님은 결코 부르지 않으신다.

이런 이유로 사도 바울은 우리에게 어떤 내용을 권면했는가?

"그리고 맡은 자들에게 구할 것은 충성이니라" – 고린도전서 4장 2절

지금 우리는 삶에 충성하고 있는가? 만약 하나님으로부터 더 큰 축복을 받고, 더 큰 사명을 받기를 원한다면 현실에 불평하며 더 큰 계획을 꾸리는데 시간을 낭비하지 말고 지금의 일에 더욱 충성하며 하나님의 때를 기다리기 바란다. 하나님은 맡은 일에 충성된 자를 찾으시며 더 크게 세우신다.

(2) 하나님이 그들을 부르신 목적은 무엇인가?(19절)

제자들은 물고기를 낚는 어부가 되길 원했지만 주님은 그들이 사람을 낚는 어부가 되어야 한다고 말씀하셨다.

주님은 지금보다 더 의미 있고 좋은 삶을 주시기 위해서 우리를 부르신다. 확실한 주님의 부르심이 있을 때는 속으로

계산하거나 깊이 따지기보다 바로 순종하는 것이 진정한 축복의 비결이다.

(3) 주님의 부르심에 그들은 어떻게 반응했는가?(20,22절)

성경은 그들의 즉각적인 순종에 초점을 맞추고 있다. 성령이 충만할수록 주님의 부르심에 더 빨리 순종할 수밖에 없다. 주님의 부르심을 받았다고 확실하게 느끼는 순간 우리는 얼마나 빨리 그 부르심에 응답했는가? 망설이지는 않았는가?(주님을 믿게 된 과정, 교회에서 사역을 하고 직분을 맡게 된 과정을 생각해 보자.)

- 그들은 부르심에 순종하기 위해 무엇을 희생했는가?(20,22절)

순종에는 항상 희생이 따른다. 그럼에도 순종이 오히려 축복인 것은 우리가 드린 희생보다 더 큰 축복이 늘 따라오기 때문이다.

- 지금 우리가 가장 아끼고 있는 것은 무엇인가?

만약 주님이 우리가 가장 아끼는 것을 포기하고 주님을 따르라고 말씀하신다면 어떻게 응답하겠는가? 즉각 응답할 수 있겠는가?

마태복음 6장 33절의 의미를 깊이 묵상해보자.

3. 마태의 순종

"예수께서 거기서 떠나 지나가시다가 마태라 하는 사람이 세관에 앉은 것을 보시고 이르시되 나를 좇으라 하시니 일어나 좇으니라 예수께서 마태의 집에서 앉아 음식을 잡수실 때에 많은 세리와 죄인들이 와서 예수와 그 제자들과 함께 앉았더니 바리새인들이 보고 그 제자들에게 이르되 어찌하여 너희 선생은 세리와 죄인들과 함께 잡수시느냐 예수께서 들으시고 이르시되 건강한 자에게는 의원이 쓸데 없고 병든 자에게라야 쓸데 있느니라 너희는 가서 내가 긍휼을 원하고 제사를 원치 아니하노라 하신 뜻이 무엇인지 배우라 내가 의인을 부르러 온 것이 아니요 죄인을 부르러 왔노라 하시니라" - 마태복음 9장 9-13절

(1) 마태가 무엇을 하고 있을 때 주님이 부르셨는가? 마태는 주님의 부르심에 어떻게 응답했는가?(9절)

자기 삶에 성실한 사람은 주님의 부르심이 찾아올 때 망설임 없이 결단을 내린다. 하나님의 부르심을 확신하지 못하고, 확신한다 하더라도 결정하지 못하는 것은 지금 주님이

주신 작은 일에도 충성하지 못하고 있기 때문이다.

(2) 마태는 주님의 부르심에 순종하려고 무엇을 포기했는 가?(누가복음 5장 28절)

하나님을 따르는 일에는 항상 희생이 따른다. 주님은 우리를 구원하시기 위해 무엇을 희생하셨는가?

"그는 실로 우리의 질고를 지고 우리의 슬픔을 당하였거늘 우리는 생각하기를 그는 징벌을 받아서 하나님에게 맞으며 고난을 당한다 하였노라 그가 찔림은 우리의 허물을 인함이요 그가 상함은 우리의 죄악을 인함이라 그가 징계를 받음으로 우리가 평화를 누리고 그가 채찍에 맞음으로 우리가 나음을 입었도다" – 이사야 53장 4,5절

"나는 선한 목자라 내가 내 양을 알고 양도 나를 아는 것이 아버지께서 나를 아시고 내가 아버지를 아는 것 같으니 나는 양을 위하여 목숨을 버리노라 또 이 우리에 들지 아니한 다른 양들이 내게 있어 내가 인도하여야 할터이니 저희도 내 음성을 듣고 한 무리가 되어 한 목자에게 있으리라 아버지께서 나를 사랑하시는 것은 내가 다시 목숨을 얻기 위하여 목숨을 버림이라 이를 내게서 빼앗는 자가 있는 것이 아니라 내가 스스로 버리노라 나는 버릴 권세도 있고 다시 얻을 권세도 있으니 이 계명은 내 아버지에게서 받았노라 하시니라" – 요한복음 10장 14–18절

우리는 주님을 위해 무엇을 희생했는가? 또 무엇을 희생하고 있는가?

(3) 모든 것을 버리고 주님의 부르심에 순종한 마태는 어떤 행동을 했는가?(10절)

요즘 시대의 그리스도인은 대가가 주어지지 않으면 결코 희생하려고 하지도 않고 순종하려고도 하지 않는다. 주님을 마치 거래 대상으로 여긴다. 주님을 위해 어떤 것을 희생하면서 더 큰 보상을 바라는 마음을 품는다. 마태는 주님을 위해 모든 것을 포기했으면서도 아무것도 요구하지 않고 오히려 식사를 대접했다.

우리는 하나님을 위해 희생하며 봉사한다고 말하면서 은연중에 더 큰 보상을 바란 경우가 없는가? 오늘 마태의 순종을 통해 우리는 무엇을 배워야 하는가?

적용

1. 오늘 본문에 등장한 하나님의 사람들 '아브라함, 베드로, 안드레, 야고보, 요한, 마태'는 주님의 부르심에 한결같이 즉각 순종했다. 주님이 지금 우리를 부르신다면 우리는 즉각적으로 순종할 준비가 되어 있는가?

2. 하나님은 항상 본연의 삶에 충실한 사람을 부르셔서 하늘나라의 중요한 일을 맡기셨다. 우리는 하나님이 맡겨주신 삶에 어느 정도 충성하고 있는가?

3. 하나님의 부르심에 순종하기 위해서는 반드시 희생이 필요하다. 만약 하나님이 지금 우리를 부르신다면, 가장 중요한 것을 희생하라고 하신다면 순종할 수 있겠는가?
어느 정도까지 주님을 위해 희생할 수 있겠는가?
모든 것을 주신 주님께 진정으로 순종하기 위해서는 우리에게 무엇이 더 필요할지 생각해 보자.

4. 하나님의 부르심에는 항상 더 큰 뜻이 있다. 지금 우리가 하고 있는 일보다 더 크고 중요한 일이 있기 때문에 하나님은 우리를 부르셨다. 주님의 부르심을 받고도 망설이는 것은 짧은 우리의 지식으로 하나님의 큰 뜻을 헤아리기 때문이다.
이사야 55장 8,9절을 묵상하며 순종에 대해 깊이 묵상해 보자.

3. 하나님의 말씀에 순종한 사람들

1. 가나 혼인 잔치의 하인들

"사흘 되던 날에 갈릴리 가나에 혼인이 있어 예수의 어머니도 거기 계시고 예수와 그 제자들도 혼인에 청함을 받았더니 포도주가 모자란지라 예수의 어머니가 예수에게 이르되 저희에게 포도주가 없다 하니 예수께서 가라사대 여자여 나와 무슨 상관이 있나이까 내 때가 아직 이르지 못하였나이다 그 어머니가 하인들에게 이르되 너희에게 무슨 말씀을 하시든지 그대로 하라 하니라 거기 유대인의 결례를 따라 두 세 통 드는 돌항아리 여섯이 놓였는지라 예수께서 저희에게 이르시되 항아리에 물을 채우라 하신즉 아구까지 채우니 이제는 떠서 연회장에게 갖다 주라 하시매 갖다 주었더니 연회장은 물로 된 포도주를 맛보고 어디서 났는지 알지 못하되 물 떠온 하인들은 알더라 연회장이 신랑을 불러 말하되 사람마다 먼저 좋은 포도주를 내고 취한 후에 낮은 것을 내거늘 그대는 지금까지 좋은 포도주를 두었도다 하니라 예수께서 이 처음 표적을 갈릴리 가나에서 행하여 그 영광을 나타내시매 제자들이 그를 믿으니라" – 요한복음 2장 1-11절

(1) 가나 혼인 잔치에서 일어난 문제는 무엇인가?(3절)

음식이 부족한 잔치는 당시 집 주인의 체면이 걸려 있는 굉장히 난처한 문제였다. 결혼을 축하하기 위해 모든 마을 사람들이 모인 잔치에서 포도주가 부족했기에 신랑, 신부 역시 몹시 당황할 수 있는 상황이었다.

신랑, 신부는 분명히 충분하다고 생각할 만큼의 음식과 포도주를 준비해놨을 것이다. 그러나 가장 중요한 포도주가 떨어지는 예상치 못한 일이 일어났다. 마찬가지로 우리도 인생을 살아가며 전혀 예기치 못했던 상황들에 맞닥뜨리게 된다. 지금 우리는 어떤 문제 가운데 처해 있는가?

● 가정의 문제

● 직장, 학교의 문제

● 교회의 문제

● 스스로에 대한 문제

● 기타 여러 문제들

(2) 혼인 잔치 중에 포도주가 떨어졌다는 사실을 안 마리아는 이 문제를 어떻게 해결했는가?(3절)

해결할 능력이 있는 사람에게 도움을 요청해야 문제를 해결할 수 있다. 우리는 문제가 생길 때 어떻게 해결하는가? 가장 먼저 주님 앞에 무릎을 꿇는가? 아니면 스스로 해결하려고 노력하거나 다른 사람에게 부탁하는가?

인생에 어려운 문제들이 찾아올 때 어떻게 해결해야 하는지 다음 말씀을 찾아보자.

● 마태복음 11장 28절

● 요한복음 14장 1절

● 빌립보서 4장 6,7절

● 베드로전서 5장 7절

● 마태복음 7장 7,8절

● 요한복음 16장 24절

(3) 예수님은 어머니인 마리아의 부탁에 어떻게 반응하셨는가?(4절)

모든 기도의 응답은 궁극적으로 주님의 '때'에 달려 있다. 주님의 때가 언제인지 우리는 알 수 없기에 언제나 인내함으

로 기도하는 것이 지혜로운 방법이다. 누가복음 18장 1절의
말씀을 찾아보자.

(4) 부족한 포도주를 해결하기 위해 주님은 하인들에게 어떤 명을 내리셨는가?(7절)

술독에 물을 채운다고 포도주가 되지 않는다는 것은 세 살
먹은 어린아이도 알만한 사실이다. 그런데 주님은 술독을 물
로 가득 채우라고 하인들에게 명하셨다. 우리가 그 하인이라
면 어떻게 반응했겠는가? 하인들은 그 명령에 어떻게 반응
했는가?(7절)

(5) 술독을 물로 채운 하인들에게 주님은 다시 무엇을 명하셨는가?(8절)

물인 줄 알면서도 포도주인 것처럼 심부름을 한다는 것은
쉽지 않은 일이다. 하인의 신분으로 자칫하면 큰 해를 당할
수도 있었다. 하물며 대상이 연회의 주최자인 연회장이었기
에 엄청난 굴욕을 당할지도 모르는 상황에서 하인들은 어떻
게 반응했는가?(8절)

지금 시대의 그리스도인, 그리고 우리가 주님의 뜻에 순종
하지 못하는 가장 큰 이유는 "납득할 수 없기" 때문이다. 그
러나 주님은 우리가 납득할 수 없는 일들을, 순종하는 사람
들을 통해 펼쳐 보이시며 큰일을 이루신다.

(6) 하인들의 순종은 어떤 기적을 이루었는가?(9절)

기적은 순종을 통해서만 일어난다. 순종은 하나님의 능력을 가져오는 열쇠다. 요한복음 14장 21절 말씀을 묵상하며 순종의 두 가지 결과가 무엇인지 알아보자.

하인들의 순종을 통해 우리는 어떤 도전을 받았는가?

2. 베드로의 순종

"무리가 옹위하여 하나님의 말씀을 들을쌔 예수는 게네사렛 호숫가에 서서 호숫가에 두 배가 있는 것을 보시니 어부들은 배에서 나와서 그물을 씻는지라 예수께서 한 배에 오르시니 그 배는 시몬의 배라 육지에서 조금 띄기를 청하시고 앉으사 배에서 무리를 가르치시더니 말씀을 마치시고 시몬에게 이르시되 깊은데로 가서 그물을 내려 고기를 잡으라 시몬이 대답하여 가로되 선생이여 우리들이 밤이 맞도록 수고를 하였으되 얻은 것이 없지마는 말씀에 의지하여 내가 그물을 내리리이다 하고 그리한즉 고기를 에운 것이 심히 많아 그물이 찢어지는지라 이에 다른 배에 있는 동무를 손짓하여 와서 도와달라 하니 저희가 와서 두 배에 채우매 잠기게 되었더라 시몬 베드로가 이를 보고 예수의 무릎 아래 엎드려 가로되 주

여 나를 떠나소서 나는 죄인이로소이다 하니 이는 자기
와 및 함께 있는 모든 사람이 고기 잡힌 것을 인하여 놀
라고 세베대의 아들로서 시몬의 동업자인 야고보와 요
한도 놀랐음이라 예수께서 시몬에게 일러 가라사대 무
서워 말라 이제 후로는 네가 사람을 취하리라 하시니 저
희가 배들을 육지에 대고 모든 것을 버려두고 예수를 좇
으니라" - 누가복음 5장 1-11절

(1) 주님은 베드로에게 어떤 말씀을 하셨는가?(4절)

베드로는 전문적으로 고기를 잡는 어부였고 예수님은 목
수셨다. 베드로는 자신이 잘 아는 장소에서 밤이 새도록 고
기를 낚았지만 소득이 전혀 없었다. 이런 상황에서 바다를
잘 모르는 예수님은 "깊은 곳으로 가서 그물을 내려 고기를
잡으라"라고 말씀하셨다. 만약 우리가 베드로라면 어떻게
반응했겠는가?

아무리 주님의 뜻이라 하더라도 순종하지 않으려고 마음
만 먹는다면 얼마든지 이유와 핑계를 댈 수 있다. 사람의 생
각으로는 도무지 안 될 이유가 산더미라 하더라도 주님의 말
씀이라는 한 가지 이유만으로 순종할 때 변화와 역사가 일어
난다.

(2) 베드로는 어떻게 반응했는가?(5절)

베드로는 어떤 것에 의지하여 순종했다고 고백했는가?(5절)

● 주님의 말씀에는 어떤 능력이 있는가?

"천지는 없어지겠으나 내 말은 없어지지 아니하리라"-
마태복음 24장 35절

"너희가 거듭난 것이 썩어질 씨로 된 것이 아니요 썩지
아니할 씨로 된 것이니 하나님의 살아 있고 항상 있는
말씀으로 되었느니라"- 베드로전서 1장 23절

"하나님의 말씀은 살았고 운동력이 있어 좌우에 날선
어떤 검보다도 예리하여 혼과 영과 및 관절과 골수를 찔
러 쪼개기까지 하며 또 마음의 생각과 뜻을 감찰하나니"
– 히브리서 4장 12절

순종은 영원불멸한 하나님의 말씀에 의지함으로 이루어져
야 한다. 순간적인 감정이나 어떤 느낌에 의지하는 순간 순
종의 대상이 빗나가게 된다. 우리의 신앙생활은 말씀에 근거
하고 있는가? 아니면 다른 사람이 하는 대로 형식과 습관을
따라 이루어지고 있는가?

(3) 베드로가 순종하자 어떤 일이 일어났는가?(6절)

하나님의 명령에 순종할 때 하나님의 능력이 따라온다. 올바른 순종에는 항상 기적과 역사가 나타난다. 순종이 어떤 결과를 일으키는지 다음의 성경 구절을 찾아보자.

● 출애굽기 15장 22-26절

● 여호수아 6장 1-27절

● 열왕기상 17장 8-15절

● 요한복음 6장 1-15절

순종함으로 주님의 능력을 경험한 사건이 있었다면 함께 나누어 보자.

● 베드로의 순종을 통해 우리는 무엇을 느꼈는가?

적용

1. 가나 혼인 잔치에 있던 하인들과 베드로는 인간적인 시각으로 볼 때 순종하기 어려운 상황이었다. 주님의 말씀에 의지해서 그들이 순종하자 인간의 힘으로는 경험할 수 없는 놀라운 기적이 일어났

다. 베드로와 혼인 잔치의 하인들처럼 순종하기 어려운 하나님의 말씀이 내려온다면 우리는 어떻게 행동하겠는가?

2. 순종의 근거는 항상 주님의 말씀이어야 한다. 말씀을 알지 못하고는 순종도 할 수 없기 때문에 시편의 말씀처럼 우리는 주야로 말씀을 묵상해야 한다. 말씀을 모르면 주님의 뜻을 분별하기 어렵고, 주님의 뜻을 모르면 어떤 일에 순종을 해야 하는지도 결정할 수가 없다. 오늘날의 그리스도인에게 하나님은 꿈이나 환상, 기적보다는 말씀을 통해 하나님의 뜻을 나타내신다.

이처럼 귀하고 중한 주님의 말씀에 우리는 어느 정도 시간을 내어 묵상하고 연구하는가? 또 주님의 말씀이라는 확신이 있을 때 즉각적으로 순종할 수 있겠는가?

3. 올바른 순종은 변화와 기적이라는 결과를 가져온다. 혼자 노력하면 우리의 능력만큼만 문제를 해결할 수 있지만 말씀에 순종할 때 하나님의 능력이 나타난다.

지금까지 살아오며 순종함으로 하나님의 능력을 경험한 일이 있다면 떠오르는 대로 적어보자.

4. 아담과 하와의 불순종

"여호와 하나님의 지으신 들짐승 중에 뱀이 가장 간교하더라 뱀이 여자에게 물어 가로되 하나님이 참으로 너희더러 동산 모든 나무의 실과를 먹지 말라 하시더냐 여자가 뱀에게 말하되 동산 나무의 실과를 우리가 먹을 수 있으나 동산 중앙에 있는 나무의 실과는 하나님의 말씀에 너희는 먹지도 말고 만지지도 말라 너희가 죽을까 하노라 하셨느니라 뱀이 여자에게 이르되 너희가 결코 죽지 아니하리라 너희가 그것을 먹는 날에는 너희 눈이 밝아 하나님과 같이 되어 선악을 알줄을 하나님이 아심이니라 여자가 그 나무를 본즉 먹음직도 하고 보암직도 하고 지혜롭게 할만큼 탐스럽기도 한 나무인지라 여자가 그 실과를 따먹고 자기와 함께한 남편에게도 주매 그도 먹은지라 이에 그들의 눈이 밝아 자기들의 몸이 벗은 줄을 알고 무화과나무 잎을 엮어 치마를 하였더라 그들이 날이 서늘할 때에 동산에 거니시는 여호와 하나님의 음성을 듣고 아담과 그 아내가 여호와 하나님의 낯을 피하여 동산 나무 사이에 숨은지라 여호와 하나님이 아담을 부르시며 그에게 이르시되 네가 어디 있느냐…" – 창세기 3장 1-24절

(1) 하나님은 아담에게 어떤 명령을 내리셨는가?(창세기 2장 16,17절)

하나님과의 관계를 맺는 삶은 하나님의 명령과 축복도 함께 하는 삶이다. 하나님의 축복에만 관심이 있고 하나님의 명령을 신중하게 생각하지 않는 사람은 불순종의 길을 걷게 된다.

● 주님이 베드로에게 하신 말씀은 어떤 의미인가?(누가복음 22장 31-34절)

● 베드로는 주님의 말씀에 어떻게 반응했는가?(누가복음 22장 33절)

베드로는 주님의 말씀대로 세 번이나 주님을 부인하는 실수를 저질렀다. 베드로가 겸손히 주님의 말씀에 귀를 기울였다면 실수를 막을 수도 있었을 것이다. 우리도 베드로와 같이 이미 불순종한 뒤에야 하나님의 뜻을 깨달을 때가 많다. 주님의 말씀을 받아들이는 우리의 태도는 어떤가?

(2) 하나님과 인간 사이를 누가 방해하는가?(1절)

사탄은 인간이 상상 속으로 창조해낸 가상의 존재가 아니라 큰 능력을 가진 실재하는 존재이다. 사탄은 온갖 수로 성도들을 유혹하므로 항상 경계하지 않으면 유혹에 넘어가기 쉽다. 바울은 사탄의 유혹에 대해 성도들에게 어떻게 권면했

는가?(에베소서 6장 10-18절)

● 주님을 세 번이나 부인했던 베드로는 우리에게 어떤 권
  면을 했는가?(베드로전서 5장 8절)

신앙생활은 마음만으로 되지 않는다. 우리도 마음으로 죄
를 짓지 않고 주님께 순종하기를 원하지만 행동으로 불순종
할 때가 얼마나 많은가? 순종이 나타나지 않는 마음은 아무
런 의미가 없다. 참된 신앙은 마음의 결심이 행동으로 표현
된다.

(3) 사탄의 유혹은 어떻게 시작됐으며, 하와는 그 유혹에
어떻게 반응했는가?(1-3절)

3절에 기록된 하와의 말과 창세기 2장 17절에 나오는 하
나님의 말씀을 비교해 보자. 어떤 차이를 알 수 있는가?

불순종의 원인은 대부분 하나님의 말씀을 정확하게 깨닫
지 못하기 때문이다. 주님의 말씀을 제대로 알지 못하고, 어
렴풋이 안다고 생각할 때 사탄의 유혹에 넘어가기 쉽다.

(4) 사탄은 하와를 어떻게 유혹했는가?(4,5절)

사탄이 타락한 이유와 하와가 유혹을 받는 순간을 이사야
14장 12-14절과 창세기 3장 4,5절을 읽으며 비교해 보자.

● 어떤 유사점이 있는가?

사탄은 하나님과 같이 되려다가 타락했으며 하와 역시 하나님과 같이 되려다가 불순종의 죄를 저질렀다. 하나님께 우리 마음속 가장 높은 자리를 내어드리지 못하는 것 자체가 불순종이다.

(5) 사탄의 유혹을 받은 하와의 눈에 선악과나무가 어떻게 달리 보였는가?(6절)

하와는 하나님께 놀라운 축복을 받아 무엇 하나 부족함이 없는 삶을 살고 있었다. 그러나 사탄의 유혹을 받은 뒤 하와의 눈에 이전에 보이지 않던 것들이 보였다. 모든 생각이 달라졌다. 아무리 믿음이 공고하다 해도 사탄은 작은 틈을 파고들어 불순종의 죄를 짓게 만든다. 사도 바울은 아예 유혹이 될 만한 자리를 피하라고 성도들에게 권면했다. 디모데후서 2장 22절 말씀을 묵상하자.

(6) 하와는 결국 어떤 죄를 저질렀는가?(6절)

주님께 순종하는 삶을 살기 위해서는 다음의 두 가지 사실을 반드시 기억해야 한다.

첫째, 유혹이 될 만한 자리를 피하라.

둘째, 하나님의 말씀을 붙들어라.

하와는 하나님의 말씀을 알았으며, 지상낙원 에덴동산에

서 하나님이 주신 축복을 누리며 살고 있었다. 그런 하와도 마음의 틈이 생겨 사탄의 유혹에 넘어가 불순종의 죄를 저질렀다. 마음 안에서 생긴 욕심으로 순간이지만 하나님보다 사탄을 더욱 믿은 것이다. 불신앙의 결과가 곧 불순종이다.

우리의 신앙생활은 어떤가?

참으로 하나님의 말씀과 하나님의 능력과 하나님의 성품을 믿으며 생활하는가?

아니면 겉으로는 그리스도인처럼 살아가지만 마음 안에 하나님을 향한 불신과 원망을 간직한 채 살아가고 있는가?

흔들림 없는 신앙생활을 하다가 순간 사탄이 준 유혹에 흔들려 불순종한 경험이 있다면 함께 나누어 보자.

① 마태복음 4장 1-11절을 읽고 주님이 사탄을 물리치신 과정을 묵상하자. 우리는 어떤 교훈을 배워야 하는가?

② 사랑의 사도 요한은 우리에게 어떤 권면을 했는가?(요한1서 2장 15-17절)

(7) 아담과 하와의 불순종은 자신들이 생각했던 것보다 훨씬 끔찍한 결과를 초래했다.

이들의 불순종으로 어떤 일이 일어났는지 다음 구절을 찾아 결과를 구체적으로 기록하고 깨달은 바를 함께 나누자.

① 수치심(7절)

② 도피심(8절)

③ 책임 전가(12,13절)

④ 사탄에게 주어진 벌(14,15절)

⑤ 여자에게 주어진 벌(16절)

⑥ 남자에게 주어진 벌(17,19절)

⑦ 자연계에 주어진 벌(18절)

⑧ 온 인류에게 주어진 벌(20절)

⑨ 하나님과의 교제 단절(22-24절)

별다른 의식 없이 습관적으로 불순종을 저지르는 우리지만 때때로 아담과 하와처럼 한 번의 불순종은 상상할 수 없을 만큼의 나쁜 결과를 끌어낸다.

창세기 3장에 기록된 불순종의 결과와 요한복음 14장 21절에 약속된 순종의 결과를 찾아보자. 우리는 어떤 삶을 선택하겠는가?

적용

1. 순종함으로 큰 축복을 누리던 하와는 사탄의 유혹을 받고 세상을 보는 눈이 달라졌다. 사탄의 유혹은 이처럼 무섭다. 유혹이 될 만한 장소는 미리 피하는 것이 좋으며 마음을 빼앗기지 않도록 주야로 주님의 말씀을 묵상해야 한다.
오늘날 우리가 피해야 할 장소는 어떤 곳들이 있는지 생각해 보자.

2. 하와는 하나님의 말씀의 의미를 정확히 알지 못해 쉽게 유혹에 넘어갔다. 말씀을 바로 알 때에만 올바로 순종할 수 있으므로 우리는 다른 무엇보다 말씀을 중요하게 여기며 신중하게 받아들여야 한다.
사도행전 17장 11절과 데살로니가전서 2장 13절을 묵상하고 우리는 말씀을 어떻게 받아들이고 있는지 자세를 되돌아보자.

3. 사탄의 유혹은 언제나 달콤하다. 하나님에 대한 절대적인 신뢰가 없으면 자신도 모르게 불순종의 길을 걸어가게 된다.
우리는 어떤 순간에도 하나님을 신뢰할 수 있는가? 어떤 순간에도 하나님을 향한 순종의 결단을 내릴 수 있는가?

4. 불순종은 결코 가볍게 여길 죄가 아니다. 한 번의 불순종은 때때로 생각지도 못할 만큼 최악의 결과를 초래한다.

불순종으로 인해 끔찍한 결과를 당한 적이 있다면 함께 나누어 보자.

4

예화

미국의 초대 대통령인 조지 워싱턴의 어머니 생일날을 맞아서 많은 축하객들이 참석했다. 그중 누군가가 대통령의 어머니에게 "어머님은 어떻게 아드님을 위대하게 만드셨습니까?"라고 물었다. 이 물음에 "나는 아들에게 하나님께 대하여 절대복종할 것을 가르쳐 주었을 따름입니다"라고 대답했다고 한다. 조지 워싱턴이 위대한 인물이 된 것은 하나님께 순종하고 복종하는 사람이었기 때문이라는 것이다.

멕시코에 있는 쿠이캐텍 홍인종과 첼탈 홍인종의 방언 중에서 "믿는다"라는 말과 "순종한다"라는 말을 분간할 길이 없다. 이렇듯 분간이 안 되는 말을 얼른 생각하면 그 방언의 불완전성을 나타내는 것 같으나, 다시 생각하면 그 방언의 불완전성 그것이 도리어 우리의 깊은 생각을 자아내게 한다.

미개하고, 후진(後進) 종족이라고 낙인찍힌 이 홍인종들은 우리가 믿음과 순종을 구별하려고 하는 것을 오히려 이상히 여긴다. 그들은 이 두 말을 반드시 하나가 되어야 한다고 생각한다. "믿으면 순종하게 되지 않습니까? 순종한다는 것은 믿는다는 것을 보이는 것이 아닙니까?"라고 그들은 말한다.

그들의 생각은 옳다고 볼 수 있다. 실로 우리들이 잘못 생각하는 것일지도 모른다. 우리는 분간하지 말아야 할 것을 분간하고, 또 우리가 가진 많은 말 때문에 하나님을 계속 순종하지 않으면서도 하나님을 믿는다고 생각하는 공교한 외식자로 우리 자신을 만들고 있는 것은 아닌가?

고대 로마에는 '위대한 자'라든가, '아우구스트'(존경할 자)라는 칭호를 동경한 황제들의 전기를 후세에 조금이라도 전하려고 고심했던 작가들이 많이 있었다. 그에 비교하여 하나님의 아들 예수님의 30년의 생활을 "부모에게 순종하여 받드셨다"라는 한마디로 요약해 버린 복음서의 간결심장(簡潔深長) 함을 깊이 생각해 보라. 그 무렵의 예수님에 관하여 예수님의 순종 외에는 아무것도 쓸 줄 몰랐던 것 같다.

그런데 예수님의 순종은 10년, 12년에 제한된 것이 아니다. 조용하게 있을 수 없고 때로는 가정의 속박을 박차 버리고 싶은 성장기에 이르러서도 그분의 순종은 여전하였다.

어렸을 때 순종한다는 것은 어렵지 않다. 그렇지만 장성해서도 순종한다는 것은 어쩐지 자신이 멸시당하는 것처럼 느껴져 싫어진다. 어떤 친구들과 사귀고 있으며 어떻게 노느냐든가, 독서를 하느냐 따위의 질문을 받는다는 것은 10대에게 있어서 매우 언짢은 일이다. 순종은 일반적으로 청소년에게서 경시되었던 것이며, 아마 지금도 멸시당하고 있는지 모르겠다.

그러나 반성하자. 우주의 주인은 '순종함'으로써 우주를 정복했다는 사실을 생각하자. 피조물에게 명하고, 병자를 고치며, 죽은 이를 부활시킨 그리스도께서는 순종의 생활을 감수하시고, 죽으시고, 더구나 십자가에 죽으시기까지 순종하셨다. 우리는 이 덕을 어떻게 생각하고 있는가? 어떻게 하여 실천했는가? 우리의 부모, 스승, 윗사람에게 언제나 순종해 왔는가?

상계동 교회에 출석하는 이학순 권찰은 남편을 일찍 여의고 시골에서 살 수 없어 무조건 서울로 상경하여 닥치는 대로 행상을 하면서 신앙생활을 하였다. 고향인 전남 벌교에는 딸이 살고 있었기 때문에 보고 싶으면 때때로 딸에게 가곤 했다. 언제나 고향에 갈 때면 교회에 먼저 들러 기도한 후 딸 집으로 가곤 했는데, 어느 날 고향에 내려온 그때도 마찬가지였다.

8년 된 교회인데 강대상이 허술하게 보였다. 이때 이학순 권찰에게 "네가 강대상을 해놓으라"라는 주님의 음성이 들려왔다. 그러나 이 권찰은 "하나님 내가 무슨 돈이 있습니까?"라고 반문하였다. 이 권찰에게는 행상을 하면서 입지 않고 먹지 않으면서 매달 오천 원씩 부금한 십만 원짜리 적금 통장이 있었다. 하지만 "절대로 이 돈만은 안돼. 이것은 나의 전 재산이 아닌가?"라는 생각을 떨쳐 버릴 수가 없었다.

하나님의 말씀에 순종하기는 어려웠다. 잘 사는 사람에게 십만 원이란 하찮지만 집 한 칸 없는 이학순 권찰에게는 전 재산이었기 때문이었다. 하지만 그는 상경하여 십만 원을 찾아서 성복 가구점에서 강단을 주문하여 화물로 보냈다. 그리고 이 권찰은 세상에 태어나서 느껴보지 못한 흐뭇함을 느꼈다. 강단을 받은 고향의 교회는 새로운 힘을 내서 아담한 교회를 세웠다고 한다.

무디 선생이 어느 날 토레이 박사와 어떤 중대한 문제를 놓고 토의하고 있었다. 그는 토레이에 대하여 매우 담담하면서도 매우 친절하게 그 자신의 주장을 변호하면서 말하기를 "토레이 박사님! 만일 하나님이 나에게 저 높은 창문에서 뛰어내리라고 명령하신다면 나는 뛰어내릴 것입니다"라고 말했다. 그는 하나님의 뜻에 절대 순종하는 사람이었다.

미국의 어떤 가정에서 있었던 일이다. 부인은 열심히 예수를 믿고 교회에 출석했지만 상원 의원인 그녀의 남편은 예수를 믿지 않았다. 그래서 부인이 식사할 때 기도하면 남편은 신문을 읽고 부인이 성경을 읽으면 남편은 잡지를 읽었다. 또 주일이면 부인은 교회에 가지만 남편은 골프장으로 갔다. 그때마다 부인은 대단히 괴로웠다. 부인의 소원은 남편과 함께 예수를 믿고 교회에 가는 것이었다.

부인은 남편의 구원을 위하여 기도했다.
"하나님! 남편도 예수 믿어 식탁에서도 함께 기도하고 함께 성경 읽으며 주일이면 나란히 교회에 나가는 행복한 가정 되게 하옵소서."
그렇게만 되면 다른 가정에 비교할 수 없는 행복한 가정이 되리라고 생각했다.

그러던 어느 날 남편이 새해 예산 결산 심의를 하기 위해 국회에서 철야를 하고 있었다. 그날도 부인은 교회에 나가서 남편을 구원해 달라고 기도했다. 그런데 갑자기 성령께서 부인에게 말씀하셨다.

"만일 남편이 예수를 믿고 난 다음 상원 의원 직을 그만두고 목사가 되면 어떻게 하겠느냐?"

이 음성을 들은 부인은 깜짝 놀랐다. 그래서 다시 기도했다.

"나는 남편이 예수 믿고 식탁에서 함께 기도하며 성경을 함께 읽는 것을 바랄 뿐 상원 의원을 그만두고 목사가 되는 것은 바라지 않습니다."

그러나 마음속에 다시 성령의 음성이 들려왔다.

"지금까지 네가 기도한 것은 남편의 영혼을 사랑해서 그가 영생을 얻도록 기도한 것이 아니고 네 액세서리가 되어 달라고 기도한 것이 아니냐? 너의 남편은 구원받으면 상원 의원 직을 그만두고 목사가 되어야 한다."

이 말씀에 부인은 기도를 중단하고 말았다. "기도를 계속하다간 남편이 상원 의원을 그만두고 목사가 되겠구나. 그러면 나의 영화도 무너지고 행복도 없지 않겠느냐?"라는 염려 때문이었다.

그러나 집에 와서 잠을 자려는데 마음이 괴로워 견딜 수가 없었다.

"네가 기도하지만 네 남편은 지옥에 간다. 내가 너의 남편을 구원하려 해도 너의 남편과 나 사이에 네가 가로막고 있다. 만일 너의 남편이 목사가 되기를 허락한다면 구원받되 그렇지 않으면 구원받을 수 없다."

"아버지 하나님, 좋습니다. 상원 의원을 그만두더라도 저의 남편을 구원해 주십시오."

이렇게 부인의 마음이 깨어져서 기도드리는 순간 국회의사당에서 철야하며 예산을 심의하던 남편에게 성령이 임했다. 자꾸 그의 마음속에 "하나님, 예수님"이라는 소리가 솟아나서 "혹시 밤새 숫자만 다루어서 그런가?"라는 생각에 밖으로 나와 밤하늘을 바라보고 새벽 공기를 들이마셔도 자꾸 하나님 생각이 떠오르고 예수님 이름이 불렸다.

그래서 그 주간을 겨우 마치고 고향으로 내려온 후 주일에 교회에 나가서 그리스도인이 되기로 결심하였다. 그는 그 후 상원 의원 임기를 마치고 신학교에 입학하여 졸업한 후 목사가 되어서 지금도 목회를 하고 있다.

종교 개혁자 칼빈이 이태리에서 스트라스부르크라는 곳으로 가기로 계획을 세워놓고 하룻밤 쉬기 위하여 제네바에 들렀다. 그때 제네바에서 종교개혁을 시작하기 전부터 알던 친구 윌리암 파렐이 찾아와서 "지금 당신이 제네바에 꼭 필요하니 스트라스부르크로 가는 것을 포기하고 여기서 손잡고 일하자"라고 강권하였다. 칼빈은 조용히 앉아서 연구하고 공부해서 책을 쓰는 학구 생활을 원하고 있었다. 직접 일선에 나서서 활동하는 자리는 원치 않았다.

그래서 칼빈은 강경히 거절하였다. 그러나 마침내 윌리암 파렐이 강권하는 말이 마치 하나님의 음성처럼 부딪혀 왔다. 그는 겸손히 순종하였다. 그 후 3년 동안 제네바에서 정성껏 열심히, 양심적으로 일을 하였다. 그러나 제네바 시민은 오히려 불평을 품기 시작해서 마지막에는 시회의에서 칼빈과 파렐을 추방하기로 결의하였다. 그러나 칼빈은 원망 없이 그곳을 떠나 오래전에 가기를 원했던 스트라스부르크로 갔다. 그러나 3년 후에 제네바 시에서 "제발 다시 와서 일을 해 달라"라고 간청해 왔고 그는 다시 겸손하게 순종하여 제네바로 돌아갔다.

기꺼이 따른다는 것은, 하나의 인격 형성이 된다. 젊은이들에게 있어서 순종은 다소 어렵고, 때로는 싫은 것으로 느껴진다. 그러나 머리가 발달되는 데 있어서, 그리고 순종이 우리의 자유와 사회 전체의 생활을 위하여 얼마나 큰 가치가 있는 것인가를 납득해야 한다.

여기서 순종을 가정과 사회에 있어서의 의무로 생각해 보자. 집단 체조는 아름답다. 많은 사람이 일단을 이루어 어려운 체조를, 마치 한 사람처럼 완전히 정연하게 행한다. 이 완전한 일치는 어떻게 해서 된 것인가? 그것을 말하자면, 조직적이라고 말할 수 있는 순종에 의해서 이루어진 것이다. 이 엄격한 의무의 이유를 충분히 납득하도록 하라. 여기에, 왜 따라야 하는가?

이유는, 우리는 독립되어 있지 않기 때문이다. 이것은 놀랄 일이 아니다. 아마도 "누구에게 내가 따라야 하는가?"라고 말하고 싶을 것이다. 우리는 절대로 세계의 중심도 아니고, 다른 사람을 따르지 않고 살 수 있는 존재가 아니다. 누구도 완전히 혼자서 살아갈 수는 없다.

누가 자기 스스로 이 세상에 태어나 혼자서 먹고, 성장하며 지상의 아무것도 필요로 하지 않는 사람이 있겠는가? 우리는 이런 것과는 사정이 다르다는 것을 깨닫고 솔직하게 우리가 따라야 할 무수한 관계에 매여있다는 것을 알아야 한다. 그러나 우리는 이 순종으로써 결코 구속을 받는 것이 아니라, 그로써 참으로 자유로울 수 있다. 불순종은 다만 방종한 사람을 만들 뿐, 결코 사람을 자유롭게 하지 않는다.

말고삐를 뿌리치고 달아나는 말을 생각해 보자. 그 말은 자유로운가? 아니다. 그 말은 난폭한 말이다. 그리고 그 난폭한 말은 그 뒤에 어떤 일을 당하는지 잘 생각해야 한다.

또한 훗날 사람에게 명령할 수 있게 되기 위해서도 순종을 몸에 붙여 두어야 한다. 사람의 의지는 어떤 사람에게 머리를 숙이기 원할까? 사람의 의지는 참으로 가치 있는 인격자의 정신력을 따르기를 원한다. 우리의 도덕성은 다른 이의 의지에 이성적으로 다가갈 때 그만큼 견고해지는 것이다. 특히 하나님 되시는 예수 그리도를 따를 때 그러한 것이다.

어떤 조그마한 시골 교회에 두 명의 권사가 있었다. 한 사람은 말없이 뛰어다니며 아픈 자를 돌봐 주고 기도해 주고 전도하며 은혜를 받기에 열심이었다.

그런데 다른 한 사람은 뒤에서 수군댈 뿐 실천은 없었다. 뛰어다니며 일만 하기보다는 믿음이 있어야 한다며 흉만 보았다. 그래서 하나님은 말 많은 권사님을 주저 앉혀 놓고 뛰는 권사님은 더 많은 일을 하게 하여 귀하게 쓰셨다. 성도는 하나님의 말씀을 순종하여 뛰어다니는 자가 되어야 한다.

아프리카의 선교사 리처드 목사는 토인들에게 누가복음을 가르치기 시작한 일이 있었다. 그는 매일 10절씩 번역하여 그들에게 강해하였다. 그런데 6장 30절의 말씀 "무릇 네게 구하는 자에게 주며 네 것을 가져가는 자에게 다시 달라지 말며"라는 말씀에 이르러서는 번역하지 않고 건너뛰어 다른 말씀을 번역하여 강해했다. 그 이유는 만일 그것을 번역하여 가르치면 그 토인들은 그 선교사의 소유를 전부 달라고 할 것으로 추측되었기 때문이었다.

그러나 그것이 아무래도 마음에 걸려 마침내 순종하는 마음으로 그것을 번역하여 가르쳤다. 그러자 토인들은 선교사의 물건과 소유를 달라고 하기 시작했다. 그는 그들에게 다 주었다. 토인들은 감동되어 리처드 목사가 하나님의 사람인 줄 알고, 그 받았던 것을 도로 가져다 주었다는 것이다. 하나님 말씀에 대한 순종은 언제나 생각과는 달리 이렇듯 복된 것이다(삼상 15:22-23 / 히 11:8).

하나님의 능력은 결코 인간의 능력을 무시하지 않는다. 예수님은 언제나 명령형으로 말씀하셨으며, 그 명령을 순종할 때 하나님의 능력이 나타났다. 그 명령을 순종할 때 우리의 지각을 뛰어넘는 하나님의 은혜를 받을 수가 있다. 그 명령 따라 믿고 순종하면 순종하는 만큼 은혜를 받는다.

갈릴리 바다에서 고기잡이를 하던 베드로와 그의 동료들이 밤을 새워가며 애를 썼으나 이상하게도 한 마리의 고기도 잡지 못하고 되돌아 나오고 있었다. 그런데 예수님께서 나타나셔서 "깊은 데로 가서 그물을 내려 고기를 잡으라"라고 명령하셨다. 그때 시몬은 "선생님! 우리가 밤새도록 수고하였지만 한 마리도 잡지 못했습니다. 그러나 주님께서 말씀하시니 내가 그물을 내리겠습니다"라고 말하며 그 말씀에 순종하였다. "우리는 이 바다에서 자라났기 때문에 이 바다를 잘 압니다. 선생님 말씀하시는 깊은 곳이란 고기가 있는 곳이 아닙니다. 그리고 우리는 어릴 때부터 지금까지 고기잡이로 뼈가 굵은 사람입니다. 고기잡이 하는 일에선 아마 선생님보다 나을 것입니다. 그러나 선생님이 말씀하시니 그대로 하겠습니다. 우리의 '경험'에 맞지 않고 '이치'에도 맞지 않으나 주님 말씀하시니 순종하겠습니다"라는 뜻이다.

순종의 결과는 그물이 찢어질 정도로 많은 고기를 잡게 된 것이었다. 이것이 은혜이다. 우리의 노력한 대로, 우리의 계산한 대로 되는 것이 아니라, 주님의 말씀에 순종할 때 주시는 축복이 은혜이다.

조용기 목사가 영국의 한 작은 전원도시에서 저녁 예배를 인도했을 때 한 여 성도의 집에 묵게 되었다. 그런데 식사 준비를 하던 성도는 눈물을 주르륵 흘리며 다음과 같이 이야기하는 것이었다.

"목사님, 오늘 목사님을 저희 집에 모신 데에는 까닭이 있습니다. 목사님, 우리 부부는 잘 살아 보려고 무척 애를 썼는데 실패를 거듭하고 빚더미에 올라앉게 되었습니다. 하나님께 열심히 기도를 했지만 응답이 없었습니다. 우리가 잘 살아 보려고 무척 애를 썼음에도 불구하고 빚을 지게 되니 그 원인을 알고 싶어 오늘 목사님을 청했던 것입니다. 목사님, 그 원인이 무엇일까요? 늘어가는 빚을 갚기 위해 집을 내놓은 지도 오래되었는데 집까지 팔리지 않아 형편이 더욱 어렵습니다."

그 여 성도의 이야기를 듣는 동안 그가 왜 하나님의 은총 속에 들어가지 못하는지 그 원인을 쉽게 파악할 수 있었다. 그녀의 입에서 나온 말은 시작에서부터 마칠 때까지 원망과 불평과 탄식이 가득하고 불신 양적이며, 긍정적이고 적극적이며 창조적인 믿음의 말은 한마디도 없었다. 그래서 그녀에게 성경을 가져오게 한 뒤 성경 '창세기 1장'을 펼치게 했다. 그러고는 창세기 1장 2-4절까지를 한 번 읽어 달라고 요청했다. 그녀는 읽기 시작했다.

'땅이 혼돈하고 공허하며 흑암이 깊음 위에 있고 하나님의 신은 수면에 운행하시니라 하나님이 가라사대 빛이 있으라 하시매 빛이 있었고 그 빛이 하나님의 보시기에 좋았더라."

"자매님! 그 성경 말씀을 읽고 나니 좀 이상한 느낌이 들지 않습니까?"

"아니요, 조금도 이상하지 않은데요?"

"하나님께서 혼자 빛을 지으시기가 벅찰 것 같지 않습니까? 하나님께서 아담과 하와를 미리 만드신 다음 아담과 하와에게 '내가 지금 빛을 지으려고 하는데 벅차니 나를 좀 도와다오'라고 말씀하셨을 텐데요?"

그녀는 성경을 다시 한번 읽어 보고 물었다.

"영어 성경에는 그런 말씀이 없는데 한국어 성경에는 그렇게 기록되어 있습니까?"

"아니오. 한국어 성경에도 그런 말씀은 없습니다. 그런데 좀 이상하지 않습니까? 왜 하나님께서 아담과 하와의 도움 없이 혼자서 빛을 지으셨을까요? 혹시 이튿날에는 하나님께서 아담과 하와의 도움을 청하셨는지도 모릅니다. 이튿날 하나님께서 어떻게 하셨는지 그다음을 읽어 보십시오."

그러나 이튿날도 사흘째에도… 아담의 도움은 없었다.

그녀는 말했다.

"목사님, 엿새째 되는 날에는 하나님께서 땅에 기는 모든 짐승들을 지으시고 제일 마지막 날에 하나님의 형상과 모양대로 아담과 하와를 지으셨으니, 아담과 하와의 도움은 필요하지 않았습니다."

"그래요? 그러면 일곱째 날에 아담과 하와의 도움이 필요했을지 모르니 그 다음을 읽어 보십시오."

"아담과 하와가 엿샛날 마지막에 태어났으니까 일곱째 날이면 아담과 하와로서는 세상에서 햇빛을 처음으로 보는 날이지요."

"아담과 하와가 처음으로 맞이한 날에 한 일이 있었습니까?"

그녀는 잠깐 생각을 하더니 "별로 없는 것 같은데요"라고 대답했다.

"별로가 아닙니다. 일곱째 날 아담과 하와가 인생의 첫날을 맞이하기 전에 하나님께서는 궁창을 지으시고 해를 지으셨습니다. 땅을 지으시고 그 위에 각 과일나무 및 채소를 나게 하시고, 해와 달과 별을 만드시고, 공중의 새와 물속의 고기들과 땅 위에 기는 짐승들을 다 지어 놓으셨습니다. 하나님께서 아담과 하와를 위해 만물을 예비해 놓으셨기 때문에 그들 스스로 준비해야 할 것이 하나도 없었어요. 그러면 아담과 하와가 어떻게 살면 되었겠어요? 만일 아담과 하와가 하나님 앞에 나와서 "아버지! 오늘은 우리가 맞이한 첫날입니다. 우리가 할 일은 무엇입니까?"라고 물었다면 하나님께서는 뭐라고 대답하셨겠습니까?"

"글쎄요. 아마 하나님께서 '내가 너희를 위해 모든 것을 다 예비해 놓았으니 걱정 근심하지 말고 믿고 순종하며 살아라'라고 말씀하셨을 것 같은데요?"

"옳습니다. 하나님께서 천지와 만물을 다 지으신고로 아담과 하와는 새삼스럽게 손쓸 일이 없었답니다. 아담과 하와가 맞이한 첫째 날은 하나님께서 그들을 위해 예비한 모든 것을 누릴 수 있게 되어 있었습니다. 방금 자매님이 말씀한 것과 같이 근심하지 않고 하나님을 믿고 순종만 하면 되는 것입니다. 그런데 아담과 하와가 하나님을 믿고 순종하기를 거부하고 세계를 자기 스스로 운전하겠다고 하다가 오늘 우리가 사는 이러한 세계를 만들고 말았습니다.

그러나 지금이라도 예수님을 구주로 믿고 하나님 앞에 나오면, 하나님께서 아담과 하와가 하나님을 거역하기 전 누릴 수 있었던 것과 같은 것을 누릴 수 있도록 하셨습니다. 하나님께서는 예수 그리스도의 십자가를 통하여 모든 것을 다 이루도록 하셨습니다. 그렇기 때문에 예수님을 믿는 사람들이 할 일이란 믿고 순종하고 즐거워하기만 하면 되는 것입니다.

성경 어디를 보더라도 예수 믿는 사람이 스스로 생활 문제를 해결해야 된다는 말씀은 없습니다. 하나님께서 우리를 위해 모든 것을 예비해 놓으셨다고 기록되어 있습니다. 그런데 자매님은 살아가는 데 필요한 모든 것을 스스로 해결하려고 하고 하나님은 제쳐 놓았습니다. 그러나 예레미야 33장 3절에는 뭐라고 기록되어 있습니까? 하나님은 '너는 내게 부르짖으라 내가 네게 응답하겠고 네가 알지 못하는 크고 비밀한 일을 네게 보이리라'라고 하셨습니다.

자매님의 입을 것, 먹을 것, 마실 것, 집을 파는 일, 이 모든 것은 하나님의 일입니다. 그럼에도 불구하고 자매님이 맡아서 해결하려 했기 때문에 하나님께서 자매님을 버리신 것입니다. 이 시간 불신앙의 죄를 회개하고 모든 일을 주님께 맡기고 오직 믿고 순종하고 감사하면서 기적이 일어날 것을 기대하고 나아가면 주님께서 앞서 준비하신 것을 모두 누리도록 허락하실 것입니다."

이 말을 듣자 그녀는 눈물을 주르륵 흘리면서 "목사님! 지금까지 저에게 창세기의 말씀으로 하나님께서 그처럼 자상하게 우리를 위해 다 예비해 놓으셨기 때문에 믿고 순종하고 즐기면 된다는 것을 가르쳐 주신 분이 없었어요"라고 말하는 것이었다. 그들은 함께 무릎을 꿇고 하나님께 기도를 드렸다.

"하나님, 이 자매님의 일생의 문제를 주님께 맡깁니다. 모든 문제를 지금 이 시간부터 맡깁니다. 믿음과 순종으로 주께 감사하며 나가오니 빚도 갚아 주시고 집을 팔리게 하여 주시며 모든 것을 해결해 주십시오."

그러고는 이튿날 그 집을 떠났다.

그가 다른 도시에서 성회를 인도하고 있는데 그 여 성도로부터 편지가 왔다.

"목사님이 떠나시고 난 뒤에 우리 가정에 놀라운 일이 일어났습니다. 제가 목사님으로부터 들은 설교를 남편에게 그대로 전했습니다. 그리고 우리 부부는 눈물을 흘리면서 잘못을 회개하고 하나님께 감사 기도를 드렸습니다. 며칠이 지난 후 어떤 부부가 우리 집을 보러 왔다가 자기들이 찾던 집이라면서 집을 사겠다는 것이었습니다. 우리는 부동산에 내놓았던 값보다 훨씬 더 비싼 값으로 집을 팔고 빚을 청산했습니다. 우리가 살던 집보다 작지만 아담하고 아름다운 집으로 이사할 예정입니다. 목사님의 설교 말씀이 너무 은혜스러워 만나는 사람마다에게 그 말씀을 전한답니다."

"우리 주 예수 그리스도의 은혜를 너희가 알거니와 부요하신 자로서 너희를 위하여 가난하게 되심은 그의 가난함을 인하여 너희로 부요케 하려 하심이니라"(고후 8:9)

"나의 하나님이 그리스도 예수 안에서 영광 가운데 그 풍성한 대로 너희 모든 쓸 것을 채우시리라"(빌 4:19)

어미 꿩이 새끼들에게 늘 이런 주의를 주었다.

"얘들아, 너희들이 땅 위에서 먹이를 찾아 먹을 때, 입으로는 먹이를 먹되 귀를 열어서 내 음성이 들리는지 주의를 기울여라. 내가 망을 보고 있다가 너희를 해치려는 짐승이 나타나면 크게 소리를 칠 테니 내 소리가 들리면 지체 말고 나무 위로 날아오너라. 너무 멀리 가면 내 목소리가 들리지 않을 테니 멀리 가지 말아라."

그래서 꿩 새끼들은 엄마에게서 그리 멀지 않은 곳에서 먹이를 찾으면서 입으로는 먹이를 먹고 귀는 엄마의 목소리를 듣기 위해 활짝 열어 놓았다. 그런데 그중 한 마리는 엄마의 말을 귓등으로 흘려버렸다. 그리고 그 꿩 새끼 한 마리는 맛있는 먹이를 먹는 데 정신이 팔려서 형제들과 떨어져 멀리 갔다.

꿩 새끼들이 한창 먹이를 먹고 있을 때 여우 한 마리가 꿩 새끼들을 발견하고 가까이 다가왔다. 새끼들이 위험하게 된 것을 본 엄마 꿩이 소리를 지르자, 새끼 꿩들은 엄마의 목소리를 듣고 일제히 나무 위로 날아갔다. 그러나 엄마 꿩과 멀리 떨어져 있던 꿩 새끼는 위험을 알려주는 엄마의 목소리를 듣지 못하여 그만 여우에게 잡아먹혔다.

"너희가 하늘의 별같이 많았을 지라도 네 하나님 여호와의 말씀을 순종치 아니하므로 남는 자가 얼마 되지 못할 것이라"(신 28:62)

"언약궤를 맨 제사장들에게 명하여 이르기를 너희가 요단 물가에 이르거든 요단에 들어서라"(수 3:8)

우리는 이 말씀을 생각할 때 이스라엘 민족이 홍해를 건너던 사건을 연상하게 된다. 이스라엘 민족이 뒤따르는 애굽 왕 바로의 군사를 보고 무서워 떨며 모세를 원망할 때 모세는 백성을 향하여 "두려워하지 말고 가만히 서서 오늘날 너희를 위하여 행하시는 구원을 보라"라고 하였다.

하나님은 모세를 향해 "이스라엘 자손을 명하여 앞으로 나아 가게 하고 지팡이를 들고 손을 바다 위로 내밀어 그것으로 갈라지게 하라" 라고 말씀하셨고, 그가 순종하였을 때 하나님께서 밤새도록 큰 동풍을 불어 물이 갈라져 바다가 마른 땅이 되어 육지처럼 마른 땅을 건너가 게 하셨다. 그런데 그보다 더 큰 모험을 볼 수 있다.

모세 때 홍해를 건넌 것은 홍해가 갈라지게 하신 후의 일이었다. 그러나 여호수아의 군대는 요단 물이 갈라진 후에 건넌 것이 아니다. 보통 때보다 물이 많이 불어 있던 요단 강물에 들어서라고 하셨다. 얼른 생각하면 세상에 이처럼 엉뚱해 보이는 일이 어디 있겠는가? 언약궤를 맨 제사장들이 흘러넘치는 강물에 들어서면 어떻게 하겠단 말인가? 이것이 신앙이다. 물이 갈라져 육지처럼 된 후에 걸어간 것이 아니라 들어서면 갈라질 것을 믿고 앞으로 나아가는 것이다.

성경은 "궤를 맨 자들이 요단에 이르며 궤를 맨 제사장들의 발이 물가에 잠기자마자 위에서부터 흘러내리던 물이 그쳤다"라고 기록하고 있다.

하나님이 "궤를 메고 요단 물이 가로막혔을지라도 나아가라" 하시므로 그대로 순종하였을 때에 갈라졌다. 순종은 이적을 낳는다. 믿는 자에게는 능치 못함이 없다. 문제는 우리에게 믿음이 부족하기 때문에, 의심이 있기 때문에 순종하지 못하고 주저하게 되는 때가 대단히 많다는 것이다.

몇 년 전 여름에 심한 태풍으로 인해 전 대북 시에 물을 공급하는 댐이 무너졌다. 때문에 대만의 대북 시에는 식수가 한 방울도 없게 되었다. 그래서 서둘러 댐을 임시로 막는 공사를 시작했는데, 워낙 중대한 일인지라 시장이 직접 닷새 동안 공사 현장에서 생활하면서 공사를 진두지휘했다. 겨우 임시로 막아 물이 점점 채워지는데, 기상대에서 대만 크기의 두 배에 달하는 태풍이 불어오고 있다는 예보를 했다.

그렇게 되면 밤낮없이 공사를 해 온 댐 공사는 허사가 되고 마는 것이었다. 시장은 깊은 절망에 빠져서 천막 안에 꿇어 엎드려 하나님께 간절히 기도했다.

"하나님, 저는 인간의 힘으로 할 수 있는 데까지 최선을 다했습니다. 아직 댐 공사가 완전히 끝나지도 않았는데 지난번보다 더 큰 태풍이 불어온다면 이 댐은 무너지고 맙니다. 그러면 전 대북 시민이 물을 먹을 수 없게 되는데 어떻게 하면 좋습니까?"

시장이 눈물을 흘리며 기도하던 중 "내가 시키는 대로 하겠느냐? 신문 기자들을 불러서 그들에게 네가 기도하여 대만을 향해 오고 있는 태풍의 방향을 바뀌게 하겠다고 선언하면 그대로 이루어지리라"라는 성령의 음성을 들었다.

처음 그 말씀을 들었을 때 시장은 열렬한 기독교 신자였지만 목사도 아닌데 신문 기자 앞에서 기도하여 태풍의 진로를 바뀌게 하겠다고 하면 틀림없이 미쳤다고 말할 것이 뻔했으므로 심한 고민이 시작되었다. 그러나 그는 성령의 음성에 순종할 것을 결심했다.

더 큰 태풍이 불어온다는 기상 예보를 들은 기자들이 "일주일째 수돗물도 나오지 않는데 다시 또 태풍이 불어온답니다. 시장님은 어떻게 대책을 세우고 계십니까?"라고 질문하자 시장은 이렇게 대답했다.

"여러분, 내가 이를 위해 기도했더니 하나님께서 대북을 향해 불어오고 있는 태풍의 진로를 바꾸어 주겠다고 약속해 주셨습니다. 태풍이 대북으로 불어오는 일은 없을 것이므로 안심하십시오."

이 말을 들은 기자들은 배를 움켜쥐고 웃으면서 "기상대에서 태풍이 불어온다고 분명히 예보했는데 시장님의 기도로 태풍의 진로를 바꾸다니 있을 수 없는 일입니다"라며 아무도 믿지 않았다.

시장이 다시 "여러분, 나하고 내기를 하지 않겠습니까? 만약 태풍이 대북으로 불어오면 이 자리에 참석한 분 모두에게 내가 50불씩 드리겠습니다. 두고 보십시오. 태풍은 절대 불어오지 않습니다"라고 말했다.

신문기자들은 이 기사를 대서특필했고 시장은 시간이 지나 태풍이 대만 가까이에 이르자 하나님께 매달려 기도했다.

"하나님, 하나님께서 시키시는 대로 태풍의 진로가 저의 기도로 바뀐다고 선언하여 전 시민이 주시하고 있는데 태풍이 점점 대만으로 가까이 오니 어찌 된 일입니까? 하나님, 저와 입장을 한번 바꾸어 생각해 보시고 역사하여 주십시오."

그런데 태풍이 대만 바로 가까이 와서는 진로를 바꾸었다. 이렇듯 순종하려면 자기의 명예를 걸어야 하는 어려운 때도 있다. 그러나 대북 시장처럼 자신의 지위와 환경을 두려워하지 않고 담대하게 믿음으로 순종하면 하나님께서 기적을 베풀어 주신다. 순종하지 않으면 하나님께서 역사하실 수 없다.

"너희 순종함이 모든 사람에게 들리는 지라 그러므로 내가 너희를 인하여 기뻐하노니…"(롬 16:19)

망망한 바다 한가운데서 배 한 척이 침몰하게 되었습니다.
모두들 구명보트에 옮겨 탔지만 한 사람이 보이지 않았습니다.
절박한 표정으로 안절부절 못하던 성난 무리 앞에 급히 달려 나온 그 선원이
꼭 쥐고 있던 손바닥을 펴 보이며 말했습니다.
"모두들 나침반을 잊고 나왔기에… "
분명, 나침반이 없었다면 그들은 끝없이 바다 위를 표류할 수 밖에 없을 것입니다.

우리는 삶의 바다를 항해하는 모든 이들을 위하여
그 나침반의 역할을 하고 싶습니다.
우리를 구원하신 위대한 주 예수 그리스도를 널리 전하고 싶습니다.

"하나님은 모든 사람이 구원을 받으며
진리를 아는 데에 이르기를 원하시느니라"
(디모데전서 2장 4절)

힘을 다하여 **주님께 순종하라**
김장환 목사와 함께 / 주제별 설교 • 성경공부 • 예화 자료

발행처 | 나침반출판사
발행인 | 김용호

개정판 | 2021년 7월 15일

등 록 | 1980년 3월 18일 / 제 2-32호
본 사 | 07547 서울특별시 강서구 양천로 583
         블루나인 비즈니스센터 B동 1607호
전 화 | 본사 (02) 2279-6321 / 영업부 (031) 932-3205
팩 스 | 본사 (02) 2275-6003 / 영업부 (031) 932-3207
홈 피 | www.nabook.net
이 멜 | nabook365@hanmail.net

ISBN 978-89-318-1616-7
책번호 마-1205

※이 책은 김장환 목사님의 설교 자료와
여러 자료를 정리 편집해 만들었습니다.

값은 뒤표지에 있습니다.